呂澂佛學
LU9206

歷朝藏經略考

呂澂 著

目次

宋版蜀版藏經 001
契丹大藏經略考 009
金刻藏經 021
福州版藏經 027
思溪版藏經 037
磧砂版藏經 047
元刻普寧寺版藏經 057
明初刻南藏 063
明再刻南藏 070
明刻徑山方冊本藏經 075

清刻藏經　〇八三
新編漢文大藏經目錄　〇八七

宋版蜀版藏經

呂澂佛學

宋刻蜀版藏經

中國漢譯佛教典籍以一大藏經數千卷的規模來刻版印行，開始於宋初。開寶四年（公元九七一），宋太祖命高品張從信去益州（四川成都）計劃刻藏，經過十二年，到太宗太平興國八年（九八三）全部刻成，運到汴京（據說有十三萬板）。就在新創的譯經院西邊建筑了印經院，藏版印刷，初印的本子恰好供給了譯經的參考。這一刻版因爲刻在益州，所以通稱爲「蜀版」；又因它是朝廷所刻，也稱做「北宋官版」。

蜀版藏經的印本現存的極少，國內僅有公私收藏的幾卷。照現存的印本看，是卷子式，每板（即印紙每幅）二十三行，每行十四字。板首另刻經題、板號、帙號小字一行。這些大概是參酌寫本款式而定的。

蜀版的內容，從金代的復刻本（即《金刻藏經》）上，可見它最初刻成的部分完全用《開元録》入藏寫經爲底本，一共四百八十帙（千字文編號爲天字到英字），五千零四十餘卷。它的印本於淳化二年（九九一）傳到高麗；後來麗僧守其等用它校勘新刻藏經（即《高麗再雕版》），稱爲「宋本」，舉出其中的缺卷，錯簡，脱文，衍字，誤收，重出等錯誤。

唐代寫經本來還有《貞元録》繼續入藏的一部分，但在五代時候，大概這類寫經流行的區域祇局限於關右一帶（見恒安集《續貞元釋教録》序文），所以蜀版沒有將它收入。

蜀版收藏於印經院之後，譯場學僧校勘，有過幾次改訂。同時，宋代新譯入藏的經，《貞元録》入藏的經，還有一些新入藏的著述，都陸續刻版附帶流通，因之蜀版後來印出的本子，隨時不同。其中比較重要的，凡有三本：

第一、「咸平本」。這是蜀版在咸平初（九九八—）校訂以後的印本，也可謂之「蜀版初校本」。校訂是由譯場證義字學沙門雲勝主持，從端拱二年（九八九）起，到咸平初完成，文句上改正錯誤不少（雲勝還著成《大藏經隨函索隱》六百六十卷），缺經也大部分補上了。宋代新譯從太平興國七年到咸平二年（九八二—九九九）一共二百七十九卷，這時刻成三十帙（繼續《開元録》入藏經編號爲千字文的杜字到轂字），還有太宗所著《蓮華心輪回文偈頌》等四種五十七卷也刻成五帙，一併印行，所以這一「咸平本」包含《開元録》入藏經、宋代新譯經、新入藏著述三部分。徽宗崇寧初（一一〇二—）惟白禪師在婺州金華山智者禪寺所見的舊藏（依《大藏經綱目指要録》的記載）以及王古《大藏聖教法寶標目》所據的印經院本，都是這个本子。

第二，「天禧本」。這是蜀版在天禧初（一〇一七—）經過再一次校訂以後的印本，也可謂之「蜀版再校本」。所用以對勘的有天壽、皇建兩院的寫經，刻版上的缺點大都得到訂正，並且依據唐玄逸《開元釋教廣品歷章》改動一些卷帙、品次。例如改《放光般若經》二十卷爲三十卷，《大集經》六十卷爲三十卷（分出《日藏經》、《月藏經》單行本），又變動《摩訶般若經》、《思益梵天經》、《法華經》等品目，又用《蘇悉地羯羅經》代替了《蘇悉地供養法》等。隨同流通的除了宋代新譯和入藏著述而外，還有咸平以來訪得《貞元録》未入藏的一些典籍（如《千臂千鉢曼殊室利經》、《法苑珠林》、《寶林傳》等，都是散刻，没有編號）。這一印本於乾興元年（一〇二二）分別傳到當時中國北方的契丹和國外高麗。

第三，「熙寧本」。熙寧四年（一〇七一）印經院停辦，蜀版全部移送京城顯聖寺聖壽禪院，從此再無校改，所以印出的本子可以謂之「蜀版校定本」。這時《貞元録》入藏經二百四十二卷連同《廣品歷章》三十卷、《貞元續開元釋教録》三卷，陸續刻成二十七帙（仍未編號，其中各書的次第大體和《天聖釋教總録》所載相同），另外還有咸平二年（九九九）以後新譯經《法印經》等以及入藏著述《景德傳燈録》等刻本，這些都隨着藏經印本流通。此本因歸寺院經理，印造較易，所以流布稍廣，元丰六年（一〇八三）此本並傳到高麗。

熙寧以後，蜀版的内容還不斷有增加。因爲當時譯經斷斷續續地一直進行到政和初年（一一一一），新板就隨着陸續添刻。此外，天聖四年（一〇二六），詔許天台、慈恩兩宗章疏一九三卷聯編入藏；景祐二年（一〇三五）新修經録，又有著述約二百卷編入。這些典籍或者搜集舊板，或者另刻新板，格式種種不同（有卷子、有書册，行格疏密字迹大小更不一律），數量也相當龐大。蜀版最後的内容究竟如何，這可從它的翻版即金刻藏經上看出一个輪廓，大概有這樣八部分：

1.《開元録》入藏經，五千零四十餘卷，四百八十帙（千字文編號天字到英字）。

2.宋代新譯一（從太平興國七年到咸平二年即九八二——九九九年所譯一百八十七部，二百七十九卷，三十帙（編號杜字到轂字。天禧後刪去《頻那夜迦經》四卷）。

3.入藏著述一（太宗文集四部），五十七卷，五帙（從此以下都未編號）。

4.《貞元録》續入藏經（連目録等一百二十七部），二百七十五卷，二十七帙。

5.宋代新譯二（從咸平三年到熙寧六年即一〇〇〇——一〇七三年所譯九十部），四百二十三卷，四十三帙。

6．入藏著述二（《法苑珠林》、《景德傳燈録》、《天聖廣燈録》、《景祐天竺字源》、《祥符法寳録》、《天聖釋教録》、《景祐法寳録》、《寳林傳》、《宋真宗註四十二章經》等約共二十四部），三百一十餘卷，四十二帙。

7．宋代新譯三（從元丰元年到政和二年即一〇七八——一一一二年所譯十部），四十餘卷，四帙。

8．入藏著述三（天台、慈恩兩宗章疏四十二部），一百九十三卷，二十二帙。

由上列的數字，可見蜀版到北宋末年已積累到六千六百二十餘卷，六百五十三帙，規模可謂宏大。但不久隨着汴京爲金兵攻陷，大概就被兵火毀滅。一無所存了。

蜀版藏經是宋代閩浙私刻和遼刻、金刻以及高麗所刻各版大藏共同依據的祖本。各版開雕的年代有先後，所據的蜀版印本不同，因而内容略有出入；但它們中間的一些聯係還是可以了解的。大體説來，關於《開元録》入藏經的一部分，金刻和高麗初雕都用蜀版初印本爲據，所以它們的錯誤處很相類似。《契丹藏》據「蜀版再校本」，「福州版」和「思溪版」據「蜀版校訂本」，所以「契丹藏」改動舊版的地方，福州、思溪也同樣地改動（如《大集經》的卷帙、品次等）。從這些方面，都可看出它們的間接關係。至於《貞元錄》入藏經部分，蜀版補刻年代較晚，契丹沒有得着印本，另據北方寫經付刻，這就和福州版等所收而源出於蜀版的顯然不同，它們的關係也比較疏遠了。

呂澂佛學

契丹大藏經略考

契丹大藏經略考

山西大同大華嚴寺有契丹「薄伽教藏」遺構，乃契丹重熙年間所建以庋藏新刻藏經者。金天眷初，補葺經本，至大定二年方訖，雲中段子卿撰碑記其事①，略曰：

「……異哉，佛之教化若此以大興，教之簡牘亦從而浸廣，故纂成門類，印造頒宣，派而別之，則有大小權實頓漸偏圓顯密之類分焉。遂使都城郡郭山方蘭若，凡有僧尼佛像之所往往聚而藏之，以其廣大悉備故謂之教藏。至大唐咸通間，沙門從梵者集成《經源録》以記叙之。其卷帙品目首末次第，若網在綱，有條而不紊，可使後人易爲簽閱爾。及有遼重熙間，復加校正，通製爲五百七十九帙，則有《太保大師入藏録》具載云云。今此大華嚴寺往昔以來亦有此教典矣。至保大末年，伏遇本朝大開正統，天兵一鼓，都城四陷，殿閣樓觀俄爾灰之，唯齊堂厨庫寶塔經藏洎守司徒大師影堂存焉。至天眷三年閏六月間，則有衆中之尊者僧錄通悟大師……洎首座義普上座德祚等因遊歷於遺址之間，……禮於藥師佛壇，乃覩其薄伽教藏，金碧嚴麗，煥乎如新，唯其教本錯雜而不完，考其編目遺失者過半。遂潛運於悲心，庶重興於素教。將棄其遺本，慇家之舊物；擬補以新經，慮字之訛錯。抽繹再三，皆不若擇其一同者補而全之。俄而具以其事言於當寺沙門惠志、省涓、德嚴三人焉。……然後徧歷乎各州城邑鄉村岩谷之間，驗其缺目，從而採之，或成帙者，或成卷者，有聽贖者，有奉施者。朝尋暮閱，曾不憚其勞；日就月將，益漸盈其數。歲歷三周，迄今方就。其卷軸式樣新舊不殊，字號詮題後先如一，此不亦艱哉？……」

此文叙契丹藏經處，着語不多，但於其開雕始末，卷帙類分，乃至文字校訂，莫不有重要之啓示。若據以參稽舊説，致意條疏，則契丹藏經之久佚於人間者，盧山真面，未嘗不可以想像得之。今試爲考定數事如次：

其一，契丹大藏經始雕於重熙初年，其後續有增修，迄咸雍時乃完成五百七十九帙。——契丹以聖宗太平元年（公元一〇二一）得宋刻大藏之贈送，繼即仿刻《大般若》等經版②。華嚴寺碑謂興宗重熙間（一〇三二—）編纂一切經目，當是進而開雕全藏之始。契丹僧覺苑《大日經義釋演密鈔》卷一云，「洎我大遼興宗御宇，志宏藏教，欲及遐邇，敕盡雕鏤」。與此脗合，可爲佐證。全藏於何時刊成，雖無明文記載，然華嚴寺薄伽教藏遺構之南樑，近時發現墨銘云：「維重熙柒年歲次戊寅，玖月甲午朔拾五日戊申午時建。」據此確定薄伽教藏興築於重熙七年（一〇三八）③。其時全藏刊版當已告一段落。下迨道宗，兼弘五教，於全藏中補入遺編新著甚多。其有年代可考者，如一行撰《大日經義釋》十四卷於清寧五年（一〇五九）入藏④《釋摩訶衍論》十卷於清寧八年（一〇六二）入藏⑤，非濁撰《往生集》二十卷於清寧九年（一〇六三）入藏等⑥，皆是。此外，《大宗地玄文本論》二十卷《蘇悉地羯羅供養法》三卷⑦、行琳集《釋教最上乘秘密藏陀羅尼集》三十卷、思孝集《一切佛菩薩名集》二十二卷等⑧，亦在其列，都計二十餘帙。至咸雍四年（一〇六八）暘台山清水院募印藏經，已有五百七十九帙⑨，自後記載即舉此成數爲言，蓋不再有所增補也。華嚴寺碑謂重熙編目通製爲五百七十九帙者，殆隨順後來完編之數而言之耳。

其二，契丹大藏經兼收貞元釋教録各經四十三帙，宋代新譯各經三十帙。——大藏經之編次以《開元入藏録》爲一大刊定，唐宋寫刻經卷莫不奉爲準繩。但貞元續録各經之寫本原在燕晉一帶流行⑩，契丹刻藏資取甚易。《演密鈔》謂興宗志宏藏教，敕盡雕鏤，須人詳勘，覺苑承旨與聞校事，華嚴寺碑亦謂重熙時編目就《貞元一切經源品次録》復加校正，詳見《太保大師入藏録》云云。所謂太保大師者，即覺苑其人也⑪。契丹刻藏之初意在求其詳備，覺苑編目又以《經源録》爲衡，是則大藏經中兼收《貞元録》各籍殆無疑義。據恒安《保大續貞元釋教録》所載，《經源録》乃循從《貞元入藏録》之作，綜合開貞兩代諸經，糅成一體，此與宋刻大藏專以《開元録》爲主者，次序齟齬，對勘匪易。契丹刻藏模擬宋雕而應用此書，自深感其不便。覺苑編目復加以校正者，當係析出《貞元録》續收諸籍，彙列於開元各經之後。考其次序，則應依《貞元録》卷首總序，初列《四十卷華嚴經》，次爲唐玄宗肅宗代宗三朝新譯，末爲《大佛名經》等，更附入《華嚴經論》、《千臂千鉢經》、《有部毗奈耶》諸事等籍，凡有四十三帙，略與《保大續貞元録》所列相同。此徵諸高麗文宗因得契丹大藏印本而補刻麗刻四十餘帙之內容，可信其必然也⑫。復次，契丹大藏全部都計五百七十九帙，今合開元貞元兩録諸經，不過五百二十餘帙。此外數十帙，究爲何書歟？考宋刻大藏咸平時所印即已有隨藏添賜之宋代新譯三十帙⑬，其天禧時印本贈於契丹者，自亦有之，則契丹賡續刊版，不應不兼收此三十帙於內。契丹道宗時，僧道㲀撰《顯密圓通成佛心要集》，推崇準提陀羅尼，以爲總攝諸部之要，詳開十門，證成所說，引據之密典有《最上大乘莊嚴寶王經》《普賢陀羅尼》《聖六字陀羅尼》《最上大乘金剛大教寶王經》等，皆宋代新譯刻本在隨藏添賜之三十帙以內者。道㲀書末並言「天祐皇帝（道宗）率土之內流通二教」云云，是則此三十帙新書必已於道宗時入藏流行，乃易資取以爲參證也。契丹大藏於開貞兩録諸經以外兼收宋譯，所餘卷帙，爲數無幾，當即純爲拾遺新編之籍⑭，由此想像大藏內容，亦易得其全貌矣。

其三，契丹大藏經卷帙品次乃至文字校訂大體遵從宋藏之天禧時印本。——契丹因宋刻大藏天禧本之輸入而後開雕藏經，其校訂以天禧本爲主要資料可不俟言。此宋藏天禧本乃曾經再校者，改刻之處極多，大非宋藏初印本可比。舉其一例，如宋藏初印本《放光般若經》原爲二十卷兩帙，而天禧本改刻成三十卷三帙，以致全藏編號自「芥」字以次全體差違。華嚴寺碑謂薄伽教藏經本散佚，必蒐求舊物補之，而後字號詮題始終如一。蓋當時已有崔氏募刻之新版藏經，大體覆宋藏初印之本，帙號參差，不能彌補，故云爾也⑮。其次，據高麗大藏校註所出各本之異點觀之，契丹藏經改正卷帙品次之處，猶有勝於宋藏天禧本者。例如「月燈三昧經》之分品，《賢愚經》之改正品次，《五佛頂三昧陀羅尼經》四卷之改爲五卷，《修行道地經》七卷之改爲六卷等，皆契丹大藏所獨異，或者其據乃在《經源録》耶？審若是，今存《至元法寶勘同録》中猶多依據《經源録》之處，殆亦由當時所見契丹大藏展轉得之也。至於契丹大藏文字校訂，堪稱精當。蓋燕晉間舊有一切經寫本，契丹僧人希麟、行均等，先後爲之音釋。行均之作名《龍龕手鑑》於寫本俗訛之字，改正尤多⑯。後來開雕全藏，取材諸籍，宜其校訂易於爲力矣。華嚴寺碑謂補以新經慮字訛錯，金大定初崔氏刻藏一以覆版出之，亥豕魯魚，在所不免，相形見絀，亦當然之事也。

趙宋一代大藏經刻本，徧海內外計之，不下十餘種，近二十年來，發見殆盡。其無殘篇可得以致內容難詳者，僅一契丹大藏而已。今因華嚴寺碑文所記，略加考定，見其一斑。若求詳備，固有俟於異日新資料之出現矣。

注：

①此碑現存，題《大金國西京大華嚴寺重修薄伽藏經記》•段子卿撰記，張公徽篆額，沙門法慧書。見乾隆本《大同府志》卷六，《山西通志》卷九十五。

②《遼文存》卷四，契丹太平二年蔡忠順撰《大慈恩玄化寺碑陰記》云：「兼以昨令差使將紙墨價資去入中華，奏告事由，欲求大藏經，特蒙許送金文一藏，卻不收納將去價資物色。……聖上特命工人雕造《大般若經》六百三卷，並《大華嚴經》、《金光明經》、《妙法蓮華經》等印版，着於此寺仍別立爲般若經寶，令永施印十方。」據是，宋藏之贈契丹，應在太平元年。《佛祖統記》卷四十四謂在宋天禧三年（當契丹開泰八年），疑誤。

③《大同府志》卷十五，原有薄伽教藏建於重熙七年之紀載，今人發見樑銘，益證其不誣。參照關野貞《大同大華嚴寺》，文載《常盤還曆紀念佛教論叢》一五一至一六六頁。

④見覺苑《大日經義釋演密鈔》卷一。

⑤見法悟《釋摩訶衍論贊玄疏》卷一。

⑥見《遼文存》卷四，真延撰《非濁禪師實行記》。

⑦見守其《高麗新雕大藏校正別録》卷五、卷三十，皆契丹大藏所有之籍。

⑧見慶吉祥等《至元法寶勘同總録》卷十，弘法入藏著述内，皆出於契丹大藏。

⑨見《遼文存》卷四，志延撰《清水院創造藏經記》。記云，「創内外藏而龕措之」，或即以本藏與補刻之籍分別安置也。

⑩南唐昇元年間，釋恒安從五台關右始寫得《貞元録經》；宋咸平初，釋雲勝又雲遊五台始訪得《貞元録經》，表請刊板。可見五代以來《貞元録經》祇流行於北地也。參照恒安《保大續貞元釋教録》，又智炬《寶林傳》卷二金刻本尾跋。

⑪覺苑撰《演密鈔》，題稱燕京圓福寺崇禄大夫檢校太保行崇禄卿總秘大師賜紫沙門。又《金石萃編》卷一百五十三載清水院藏經記末題，右街檢校太保大卿沙門覺苑。

⑫高麗大藏經舊板於文宗時補刻策字至密字四十三帙，屬於《校正別録》所謂國後本，皆有契丹經本可以對勘。據禿氏祐祥研究，是等補刻之籍蓋即以契丹大藏爲底本也。見《佛教學四諸問題》二四九至二五〇頁。

⑬見《圖書月刊》二卷八期所載拙著《宋藏蜀版異本考》。又參照惟白《大藏綱目指要録》第十三卷。

⑭守其《高麗新雕大藏校正別録》卷五謂契丹大藏感字帙有補遺本《蘇悉地羯羅供養法》。感字編號當於第五百五十八帙，可證丹藏末尾二十餘帙皆續增之籍也。

⑮金代刻藏卷帙編次見蔣唯心《金藏雕印始末考》附録。又金藏覆刻宋蜀板每行十四字，丹藏依守其《校正別録》卷四、卷二十七所記，則已改爲每行十七字，兩藏行格全殊，亦不能互補也。

⑯《龍龕手鑑》於宋熙寧中流入內地，據《夢溪筆談》應有重熙二年序文，南宋覆版之序乃爲統和十五年，故其撰述時期頗難確考。但所據新舊藏經皆屬契丹大藏刊版以前之寫本，則無可疑也。

原載一九五〇・一二《現代佛學》

金刻藏經

呂澂佛學

金匱[illegible]

金刻藏經

《金刻藏經》（簡稱《金藏》）是金代河東南路（今山西省南部）民間集資刻成的一種版本。河東一帶地方在北宋末淪陷於金，人民由於身受兵災的痛苦，很自然地加深了他們的宗教信仰。大概就在金熙宗皇統年間，人民生計稍爲寬裕的時候，潞州崔進的女兒法珍（這或者是她出家以後的名字）便發起刻大藏經版來做宗教上的功德。相傳她還砍斷手臂表示堅決的願心，因而感動了一般信徒，熱烈響應，甚至破户、鬻兒來幫助她（現在所刻的經卷裏還可以見到一些人捐出他們所有的牲口、木材、布匹等實物的記載）。刻版事業的中心在解州，組織有「開雕大藏經版會」，設於天寧寺（大概就是解州静林的天寧寺）。解州距離當時刻版手工業中心的平陽地區不太遠，刻藏會設立在那裏，顯然是爲了事業上的便利。刻版年代記在版片上的，最早是皇統九年（一一四九），最遲的是大定十三年（一一七三）。實際刻版的起訖和此相去不遠，即是先後經歷了三十年（約一一四八—一一七七）。到了大定十八年（一一七八），崔法珍就已印刷了一部金藏，親自送到燕京（現在的北京），金世宗予以獎勵，特爲在聖安寺設壇，給她傳授比丘尼大戒。其後不久，崔法珍適應需要，將全副刻版輸送到京，收藏於弘法寺。因此，她又在大定二十三年（一一八三）獲得賜紫，並加了「弘教大師」的稱號（關於這些事實，金章宗明昌四年即一一九三年曾由趙渢撰文記載，立碑於弘法寺。可惜到了明代正統年間便被毀壞而難得其詳了，現在只能見到趙渢的《濟州普照寺照公塔銘》說及大定二十九年即一一八九年京師弘法寺早已有了大藏經版這一事實而已。

金藏刻版在元初就因兵火損壞了一半。太宗八年（一二三六）頃，大臣耶律楚材注意到它，以半官半私的性質發動了當時中書所轄地區（山東、山西、河北）長官幫助勸募，並召集了各地寺院里會刻字的僧人到弘法寺補雕缺版。由於刻工拙劣，補版未免草率。此版補刻完成後的一部印本（元中統初約一二六一年所印），連同少數的原刻印本，收藏在山西趙城縣霍山廣勝寺，一向未被人注意，以致逐漸散失。直到一九三三年，它才重被發現，經過詳細考訂而明白了雕版的原委。現在這部印本很好地收藏在北京圖書館。

從現存的印本看，金藏原來編號由千字文的天字到幾字，共有六百八十二帙，約六千九百餘卷（現存補刻後的印本四千九百五十七卷，原刻原印本十卷），可算是那一時代各種藏經刻版裏内容最豐富的一種。所收典籍，依照性質區分，有以下的七部分：

一、《開元錄》入藏經，五千四百餘卷，四百八十帙（編號從天字到英字）。

二、宋代新譯經一（從太平興國七年到咸平二年即九八二—九九九年所譯一百八十七部），二百七十九卷，三十帙（編號從杜字到轂字）。

三、《貞元錄》續入藏經（連同目錄等一百二十七部），二百七十五卷，二十七帙（編號從振字到奄字）。

四、宋代新譯經二（從咸平三年到熙寧六年即一〇〇〇年——一〇七三年所譯九十部），四百二十三卷，四十三帙（編號從宅字到虢字）。

五、入藏著述一（《華嚴合論》、《法苑珠林》、《傳燈玉英集》、《景祐天竺字源》、《天聖釋教録》、《圓覺道場修證儀》、《天聖廣燈録》、《祥符法寶録》、《景祐法寶録》、《寶林傳》、《秘藏詮》等約共二十部，四百五十餘卷，四十四帙（編號從踐字到亭字）。

六、宋代新譯經三（從元豐元年到政和二年即一〇七八—一一一二年所譯一〇部），四十餘卷，四帙（編號從雁字到塞字）。

七、入藏著述二（《華嚴清涼疏》等三種賢首宗著述，《金剛經疏宣演》等，《法華玄義》等二十九種天台宗著述，《成唯識論述記》等十種慈恩宗著述，《萬善同歸集》，約共五十餘部），四百三十餘卷，五十四帙（編號從雞字到几字）。

在這七部分裏，前四和第六部分都是宋刻蜀版的翻刻；但比較其餘版本看來，所收宋代新譯經最爲完全，可説是一無遺漏。至於第五、第七兩部入藏著述，因爲金藏是私刻性質，不受任何限制，所以在蜀版已有各種而外，還收入一些當時北方流行的書。這像賢首宗的《合論》、《清涼疏》等，慈恩宗的《百法義忠疏》、《瑜伽義演》、《瑜伽論記》等，都是珍本。其中《瑜伽論記》依據的底本，還是高麗義天宋搜羅章疏時發現的草稿到宣和四年即一一二一年才校定付刊的初刻。此外又保存了幾種向來僅見著録的宋代經録，如《祥符法寶録》和《景祐法寶録》以當時傳法院的實録爲依據而編纂，不但記載翻譯，並還涉及求法、貢經、譯場職事更迭以及著述入藏等等，當然都是很好的佛教史料。

金藏的版式，在《開元》、《貞元》兩録入藏經和宋代新譯部分都是蜀版原式，每版二十三行，每行十四字，版首另有一行刻經名、卷第、版號、帙號等（印本通作卷子式，但仍可摺成梵册式以便翻閲）。版心尺寸也同於蜀版，高二十二公分，寬四十七公分。著述部分，形式比較複雜，版心大小不一，行格也從二十二行到三十行，每行十五字到二十七字，種種疏密不同。偶然還夾入册頁式（如《天聖釋教録》、《傳燈玉英集》等），具有行綫、中縫。這些大都是從單行本收入，即照原式翻刻，所以形式上很參差。版心尺寸不一，但一般都較其餘各部分的尺寸爲大。

金藏基本上可說是整個宋刻蜀版的翻刻（連同絶大部分的著述在內），所以它和蜀版的關係最深。它保存着蜀版原來很多的缺點，又有天禧以前未被禁止流行的《頻那夜迦經》，可見它依據的蜀版是接近於初印本的。現在蜀版和從它翻刻的高麗初雕版印本都已散佚殆盡，那麼，有這部金藏印本保存它數千卷原來的面目，在版本上、校勘上，實在有其寶貴無比的價值。至於它對其後版本的關係，最密切的莫過於元代的弘法寺版藏經（簡稱《弘法藏》）。因爲金藏刻版原藏於弘法寺，元初經過徹底補雕，比較完整，元世祖至元初遷都燕京之後，便將它重加整理，收入一些契丹藏經中特有的本子像慧琳《一切經音義》等（契丹統治着中國北方時，它的勢力没有擴及河東南路，所以在金藏的刻版上絲毫未受契丹藏的影響；元代注意到此，才加以補充）。同時又删去宋代皇帝一些著述，像太宗的《法音前集》等。這樣構成了元代的官版藏經《弘法藏》，實際只是金藏的蛻化而已（《弘法藏》的內容，從現存《至元法寶勘同總録》裏所引的《弘法入藏録》可以完全了解）。

福州版藏經

呂澂佛學

福州版藏經

宋刻大藏經版接着蜀版開雕的是福州版（一稱閩本）。此版有兩副：一副是東禪等覺院本（略稱東禪院本），另一副是開元禪寺本（略稱開元寺本）。蜀版的性質爲官刻；福州版則屬於私刻，通過寺院的募緣來雕造。本來蜀版藏經的全部版片在宋神宗熙寧四年（一〇七一）就已移藏於汴京顯聖寺聖壽禪院。打開了寺院裏印造經版的方便；但當時各地對於藏經印本的需要較多，而刻版衹有那一副，供應不及，特別是遠道地方感覺流通困難。於是在當時雕版業比較發達的福州地區，東禪院僧人便發起另行募刻藏經。現存印本上刻版年代的題記，最早是元豐三年（一〇八〇），那時由禪院住持慧空大師冲真以祝皇帝聖壽和國泰民安的名義募刻了《光讚般若經》、《法苑珠林》《景德傳燈録》等書（在《光讚般若經》以前的《大般若經》現存印本無年代題記，或者是更早幾年內由住持惠榮募刻）。起初，刻版計劃似乎還未明確，祇準備刻成大藏經版一副，範圍是沒有確定的。從元豐八年（一〇八五）以後，刻事大規模進行，這才計劃刻五百餘函，函各十卷，即在《開元録》入藏的一切經而外，附加一些著述；至於宋代新譯等經仍未決定計入。這一計劃，經過了三十餘年，禪院裏更換了六代住持即惠榮，冲真、智華、智賢、道芳、普明；到宋徽宗崇寧二年（一一〇三）冬間才基本完成（實際刻齊是崇寧三年九月），並建筑了藏版的經院。那一年，就由勸緣的首唱陳暘（禮部員外郎）向政府請求給予這一刻版以《崇寧萬壽大藏》的名號。這很適合那時準備賜經於各地新建祝聖壽用的「崇寧寺」的需要，因而馬上就被批準了。從此，東禪院僧更利用印經版頭錢的收入，續刻宋代新譯《貞元録》續入藏經和入藏著述，但未及刻全，便於政和二年（一一一二）宣告結束。綜計所刻，共得六千一百七十一卷，五百六十四函。

就在東禪院本刻成的一年，同地的人士蔡俊臣、陳詢、陳靖、劉漸又發起就开元寺另刻《毗盧大藏經》印版一副。蔡等爲會首，開元寺住持本明爲證會，寺僧本悟爲勸緣。這對東禪院本說來，多少含有競爭的意味，不過像是出於當地一般人士的要求。所刻內容完全依照東禪院本，從徽宗政和二年到高宗紹興初（一一一二—三一）刻成四百函。大約是由於勸緣困難，其後更遠募到開封，並用了「上祝今上皇帝早迎二聖，齊享萬年」的願語來號召（這原來刻在版本前面，時代稍晚的印本便祇留空白，避而不印了）。這樣艱難地歷經四十年，證會的住持也更迭了五代即本明、法超、惟冲、必强、了一，到紹興二十一年（一一五一）才照東禪院本的成規刻齊五百六十四函而結束。

這兩副藏經刻版，完工之後都有一些補刻。東禪院本在宋孝宗乾道七年到淳熙二年（一一七一——七六）補刻了當時陸續入藏的《大慧語錄》、《首楞嚴義海》和早已入藏的天台三大部著述一共十六函，開元寺本則在孝宗隆興二年（一一六四）補刻宋仁宗時入藏而版片散失的《傳法正宗記》、《輔教篇》（這兩種在開元寺本印本裏即編入時、阿兩函，代替了原刻的《註入楞伽經》和《楞伽經纂》，但在東禪、開元兩版混合本裏編於天台三大部之後）。東禪院本在紹興廿六年（一一五六）即因印刷過多而字畫漫滅，經過徹底修補（見印本阿育王經卷八末題記）；一直保存到元代至治年間（一三二一—二三），又經寺僧祖意募緣雕換了一萬版（見元印本瑜伽師地論卷四十九刊記）；以後於何時散失，便不詳細了。福州版的印本，現在我國衹有少數零本藏在北京、南京等地圖書館和一些私人手裏。其整部現存於日本的尚有七部（據日人小野氏調查），但都是東禪和開元的混合本。這都是東禪和開元的混合本。這大概是因兩版同式，爲了適應急需就方便配搭的（東禪版印本卷尾常有印造者陰刻印記，又卷背有《東禪大藏》長方墨印）。

福州版兩本的內容，除了補刻各種外，幾乎是完全相同，這可區別爲五部分：

1.《開元錄》入藏經（約一〇八七部）基本上照《開元釋教錄略出》編次，衹在養字函加了《阿彌陀不思議神力傳》，岂字函增加《觀彌勒下生經》，羔字函增加《咒時氣病經》、《檀特羅麻油述經》、《辟除賊害咒經》、《咒小兒經》、《咒齒經》、《咒目經》、辭字函增加《奈女耆婆經》、英子函（東禪院本）或昇字函

（開元寺本）增加《貞元新定目錄》一共九種，約五千零六十二卷，四百八十函（千字文編號從天字到英字）。

2．入藏著述一（《法苑珠林》），一百卷，十函（編號從杜字到羅字）。

3．宋代新譯一（從太平興國七年到咸平二年即九八二—九九九年所刻一百八十一部），二百七十一卷，二十函（編號從將字到轂字；這一部分相當於蜀版從杜字到轂字三十帙的內容，但部數有遺漏，卷數也作了適當的合併）。

4．入藏著述二（《景德傳燈錄》、《宗鏡錄》、《黃檗傳心法要》、《天聖廣燈錄》、《建中靖國續燈錄》、《大藏綱目指要係》和宋太宗著述五種，另外東禪院本有《註入楞伽經》、《楞伽經纂》、《圓覺經略疏》三種，開元寺本有《傳法正宗記》、《輔教篇》、《菩薩名經》三種，兩本都是十、四部，這裏面有些並非正式入藏的書）、二百六十一卷（東禪院本）或二百六十卷（開元寺本），二十六函（編號從振字到衡字）。

5．宋代新譯二（咸平二年以後所譯）和《貞元錄》續入藏經（一共一百四十三部）、三百三十六卷，二十八函（編號從奄字到勿字）。

以上是東禪、開元兩本共同的部分，五百六十四函，約六千零三十卷。後來東禪院本補刻部分是十一部，一百四十一卷，十六函（編號從多字到虢字）。在它和開元寺版的混合本裏，更加入散刻本《華嚴合論》、《華嚴修行次第決疑論》、《法界觀門》、《十明論》、《金師子章》、《華嚴感應傳》、《普賢行願品》、《李長者事蹟》八種，一百三十卷，十三函。這些原是東禪院於紹聖二、三年間（一〇九五—六）所刻，大概在紹興十五年（一一四五）賢首華嚴著述勅許入藏並鏤版流通之後，來不及新雕，便將這些用來充數。

福州版的版式，兩本相同，大體上仿照蜀版，而行格加密，每版（即印紙每幅）三十行，每行十七字，天台三大部著述一共十函每行更增加到十九字）。版心上下有界綫，中縫（在摺疊處行間）刻經名、函號、卷數、紙數和刻工姓名，有時還略記施主姓名（僅刻一兩版的）。在每卷頭一版還於經題前空出三行，刻愿語和年月，這是福州版特點之一，從而可以了解刻版的全盤經過。版心尺寸一般都是高二十四公分餘，寬五十八公分。另外，在裝幀上也改卷子爲摺本，即每版折成五頁，每頁六行；以後南方各種藏經刻版便以爲定式。

福州版以蜀版校定後的印本爲據，因而蜀版初刻的一些錯誤，大都得到訂正，文字也校改了不少；它在大藏經的校勘上有其相當的價值。祇是關於宋代新譯經和《貞元録》續入藏經兩部分，在蜀版的補刻裏本已齊備且隨藏流通，而東禪院本急於結束，竟未及全收，以致影響到以後各種刻版都成殘缺，這是很可惜的。此外，福州版在全藏的編輯上曾作了一些改進，像宋代新譯的緊縮卷帙，入藏著述的打破限制等，也給續刻的版本很好的啓發，特別是在開元寺本未曾完工時即已開刻的「思溪版」上面可以看出來「思溪版」的主要部分，像開、貞兩録各經和宋代新譯都依照「福州版」，而於入藏著述也大加精簡，另成一格。

參考資料：

《佛教經典總論》，第三部，第五章，日本小野玄妙撰，《佛書解説大辭典 本》，東京，一九三六年。

《宋代思溪圓覺禪院及同法寶資福寺新雕二大藏經雜考》，日本小野玄妙撰。

《日華佛教研究會年報》第三年所載，東都，一九三九年《大藏經章疏》，日本常盤大定撰，《支那佛教研究》第三卷所收，東京，一九四三年。

《福州東禪大藏經目録》，《昭和法寶總目録》第三卷所收，《大正大藏經本》。《宮内省圖書寮一切經目録》，《昭和法寶總目録》第一卷所收，《大正大藏經本》。《東寺經藏一切經目録》，同上。

呂澂佛學

思溪版藏經

思溪版藏經

《思溪版藏經》是中國宋代刻藏事業中緊接着福州東禪院本而在南方開雕的私刻大藏之一。因爲刻版的地點在浙西湖州的思溪，所以叫做「思溪版」，也稱湖州本或者浙本。此種版本藏經現存有《湖州思溪圓覺禪院新雕大藏經律論等目録》和《安吉州思溪法寶資福禪寺大藏經目録》（安吉州是宋寶慶元年即公元一二二五年以後湖州的改稱）兩種目録，印本上也蓋有「圓覺藏司」或者「法寶大藏」兩種印記，但一般收藏的整部大藏却都是兩寺印刷的混合本；因而此版究竟是一副還是兩副，成爲向來難解的問題。現在依據已有的資料看，仍以只有一副刻版而先後改變名稱爲合於事實。

思溪版印本上題記極少，所以曾經被人誤認爲官刻本。但已經發現的題記有背字函《解脱道論》卷一尾記靖康元年（一一二六）二月王冲元寫經開版，又有槐字函

《菩提行經》卷一尾記靖康元年七月王永從寫刻。這兩部都是論典，依千字文的編號已到了三百四十五函和四百九十五函，全藏開版當然不會從這些刻起。由此上推，最初開刻至少要在更早十年即當宋政和的末年（一一一七）。那時候東禪院本刻成（一一一二）不久，開元寺本又接着重雕，「思溪版」大概即是受着這些事實的影響而開版的。到了南宋紹興二年（一一三二），全藏大體完成將近五百五十函，故有印造流通的總題記，刻爲單版，附黏在一些刻本的前後（像現存本《長阿含經》卷二十二、《觀所緣緣論》等）。從這一題記上可見「思溪版」是湖州歸安縣鄉居致仕前密州觀察使王永從一家捐款所刻（上面提到王冲元即系王永從的長子），勸緣爲平江府大悲院住持淨梵（據《釋門正統》卷六，淨梵早於建炎二年去世，題記是後來追記的），都勸緣是圓覺禪院住持懷深。刻版就存在圓覺禪院，經過十餘年，版片一部分爲蟲蟻所侵蝕，所以淳祐八年（一二四八）、十年（一二五〇）迭有補修（見盤字函《賢愚經》卷三，又可字函《圓覺經》題記）。

就在淳祐以後，圓覺禪院所刻的藏經版片移藏於法寶資福禪寺；這中間的原委現在不明了，也許法寶寺即是圓覺禪院的改名。當時檢點舊目，和刻版有些出入，所以另編了法寶寺藏經目錄。其中羊字函較圓覺藏目多出《佛垂涅槃略説教誡經》一卷，思字函多出《佛説舍利弗目犍連游衢經》一卷。藏經的末後又補目五十一函。這將原有阜字函的兩種改編在補目裏的用字函，而於阜函另收《藥師本願經》三種，重出《理門論》等五種。又將原有微字函的《中觀釋論》九卷分成十八卷，改編在補目裏的弊、煩兩函。此外，伏字函《佛華嚴入如來智德不思議境界經》，原刻以第一紙至第七紙作上卷，第八紙以下作下卷，舊目即記載爲兩卷。但勘《開元録》卷七，此經本來只有一卷，因此新目加以改正（實際刻版還是原有的一種），並在經版上加刻了題記。思溪版移藏法寶寺爲時也不太長，到了宋末，便爲兵火所毀滅。

　　思溪版的印本，從景定以後（一二六〇——）陸續流入日本，現存的還有八九部，都是圓覺、法寶兩處印刷的混合本。其中還有王永從題記本加蓋了「法寶大藏」印記的，可見原版只有王氏一刻，不過前後編目改變了名稱而已。同時，這些印本裏都未見有補目五十一函的經，又可見補目基本上只是一種存目。日本天安寺舊藏思溪版經一部（原缺六百餘卷），清末由楊守敬購回中國，今藏北京圖書館。

《思溪版藏經》圓覺院本原爲五百四十八函，約五千八百七十三卷（從前日僧據圓覺本目録粗計爲五千八百二十四卷）。內容依照福州版改編，並略去一般入藏著述。其全體可分六個部分：

一、《開元録》入藏經（一千零八十五部），約五千六十卷，四百八十函（這一部分圓覺舊目遺漏兩種，已如上述，另英字函福州版有《貞元新定目録》一卷，今從删；千字文編號從天字到英字，和福州版全同）。

二、入藏著述一《法苑珠林》，一百卷，十函（編號從杜到羅，和福州版相同）。

三、宋代新譯一（從太平興國七年到咸平二年即九八二——九九九年所刻一百八十一部），二百七十一卷，二十函（編號從將到轂，和福州版相同）。

四、入藏著述二（宋太宗著述五種），三十八卷，三函（編號振、纓、世，和福州版伊、尹、佐三函相同）。

五、宋代新譯二及《貞元録》續入藏經（宋代新譯係咸平三年以後所譯，連《貞元録》續入依圓覺本計算兩共一百四十二部），約三百三十八卷，二十八函（編號從禄到微，這和福州版從奄到勿各函相同；但詳細比較，其中不無出入，像伊字函缺少《千手千眼觀音大悲心陀羅尼咒本》、《普遍智藏般若心經》、《千手千眼觀自在真言釋》三種三卷，佐字函增《仁王護國經》一種二卷，衡字函增《密嚴經》一種三卷）。

六、入藏著述三和補遺（《宋高僧傳》、《南本大般涅槃經》共兩部），六十六卷，七函（編號從旦到合，都是福州版所無）。

法寶寺本目録在以上各函而外，還補充了五十一函，編號從濟到最。這裏面有二十函仍出於福州版，即《宗鏡録》和天台三大部六種；又有三函以原有之籍改編，即阜字函所收的《海意所問經》、《觀自在陀羅尼經》及上述微字函所收的《中觀釋論》。此外有《大藏一覽集》二函，《大乘藏正法經》四函，《大乘集菩薩學論》二函，《福蓋正行所集經》一函，《父子合集經》二函，《蓮華心輪迴文偈頌》二函，

《施設論》、《開覺自性般若經》合函，《金色童子因緣經》、《守護國界主陀羅尼經》、《大宗地玄文本論》各一函，《四十華嚴》四函，《國清百録》、《大藏目録》各一函。這些書大都也收在《高麗新雕大藏經》裏，可能是當時見到了《高麗藏》目録或者印本而計劃補充，但實際除《宗鏡録》一百卷之外，並未刻出（法寶寺本有《宗鏡録》合成五百五十八函，見元大普寧寺藏經目録序文）。

《思溪版藏經》也係摺本，版式仿照福州本，每版三十行，每行十七字，上下有界綫。版心高二十四公分餘，寬五十四公分，五摺，每摺寬約十一公分（一版三十行即以每六行爲一組，組間略留空白，以便摺疊）。每卷題前有時也空白數行，大概原有題記未經印出。題縫（即是刻函號、經題、卷數、版號和刻工姓名的一行）的刻法很不一律，有些刻在每版六、七行之間，即當第一摺口處（或者在第十二、三行間當第二摺口處），文字較略，這是摺本式的原樣；但也有很多的刻在版末，文字較詳，彷彿卷子式。這兩式的不同，表面似乎由於刻版的各異，實際在同一卷版片裏也每每雜着兩式，可見只是刻版時的隨便採用而已。

思溪版以福州版爲底本，而校勘時仍用未經校定的蜀版作參照，所以在大藏經各種版本上有它獨立的價值。又因爲它刻在湖州，靠近當時的首都臨安，流通便利，後來且直接發展爲磧砂版、元普寧寺版等；它的一些特徵，如對於著述的精簡，宋代新譯的拾遺等，也給各版以相當的影響。

呂澂佛學

磧砂版藏經

磧砂版藏經

《磧砂版藏經》是南宋時代私刻大藏最後的一種。刻版地點在平江府陳湖中磧砂洲延聖院（現在江蘇省吴縣境内），後來改名磧砂禪寺（見清代康熙《蘇州府志》卷三十九），因而通稱這部藏經爲磧砂版。它開雕的緣起現還不甚明了。但端平元年（一二三四）所刻的全藏目録完全依照思溪版藏經；而全藏開頭《大般若經》六百卷由都勸緣官僚趙安國獨立刻成，這又和思溪版之爲官僚王永從一家所刻的事實相類。就從這兩點看，磧砂藏的刊刻顯然是受了思溪藏的刺激而發起的。

磧砂藏始刻的年代，也没有記載。現在《大般若經》印本中殘存一些原刻本，間有保義郎趙安國獨立刻經的刊記。在紹定六年(一二三三)所刻的《法苑珠林》卷一的刊記上，趙安國已由保義郎升級爲成忠郎。依着宋代官制這類官職至少五年一轉來推算，磧砂版開頭的《大般若經》大概在《法苑珠林》刻版以前的五年間（紹定元年至五年，即一二二九—一二三二）就已開刻了（參照《影印宋磧砂藏經》歐序）。不過從《大般若經》的刊記還看不出籌刻全藏的企圖，紹定五年（一二三二）刻《無量壽經》（卷上）才有延聖院雕造的題識，跟着端平元年（一二三四）刻出《平江府磧砂延聖院新雕大藏經律論等目錄》，備載藏主法忠、都勸緣大檀越趙安國等名字，全藏的計劃刻版似乎是在這個時候。

從端平元年起，刻藏事業逐漸發展，寶祐元年（一二五三）延聖院大藏經坊更擴建了西廊一帶房會（見書字函《法苑珠林》卷五十二題記），可說是達到極盛時期。但沒有好久，寶祐六年（一二五八）延聖院大火（見元憎圓至《延聖院觀音殿記》），刻事受到了影響，其後所刻的即不甚多。咸淳八年（一二七二）以後，宋代垂亡，兵禍日烈，全藏未及刻成便中斷了。

經過二十餘年，到了元代大德元年（一二九七），延聖院刻經重新繼續（見國字函《大集經》卷二十一題記），次年，恢復了大藏經局（見讓字函《大集經》卷十五題記），組織比宋代還要完備，有功德主、對經、點樣、管局、提調等職（見大德二年刻虞字函《日藏經》卷四題記）。不久，大德五年（一三〇一）朱文清施刻經版一千卷（見使字函《華手經》卷七題記），大德十年（一三〇六）管主八又施資並募刻經版千餘卷（見是字函《般若燈論》卷十五題記），同時還有勸緣都功德主張閭等施刻的一些經卷，這時是元代續刻的最盛時期。後來延祐二年（一三一五），比丘明了施刻宋代新譯經和《宗鏡録》等，也補充了經版不少。現存磧砂版刻本上的年代題記，到至治二年（一三二二）爲止，全藏刻成大概即在此時。要是從最初刻《大般若經》的假定年代一二二九算來，前後經過已是九十多年了。

現存的《磧砂版藏經》裏，夾雜着一些別種版本。首先是《大般若經》部分。這部分的原刻當是由於宋末兵火被毀了，而後來大體上改用元代吳興妙嚴寺刻本。妙嚴寺本始刻於泰定三年（一三二六，見天字函《大般若經》卷十題記），刻成於至正九年（一三九四，見奈字函《大般若經》卷六百題記）。它是用磧砂、福州、思溪等多種版本校刻的。其次，在全藏最後部分，從武字到遵字一共二十八函，乃是管主八於大德十、十一年間（一三〇六—七）在杭州路募刻（見遵字函《法寶標目》卷九題記），所收的都是南方各版藏經中缺版的秘密經等（這些原來收載在元代大都弘法寺藏經版內）。這一副版片於至正二十三年（一三六三）由管主八的兒子管輦真吃剌捐贈給延聖院，作爲全藏的補充部分印刷流通（見多字函《六波羅密經》卷七題記）。其後更翻刻了普寧寺版《傳法正宗記》等和《中峰廣録》（原版爲元統三年即一三三五年刻），一共五函，附在全藏末尾。這樣組成的全藏版本，保存到明初，現在陝西西安圖書館裏還收藏有洪武二十三、四年（一三九〇—九一）間印刷的這部全藏。

《磧砂版藏經》的內容，大體同於思溪版。因爲刻版曾中斷了一次，後來續刻對於各經的次第略有改動，並歷經補充，因而刻成之後和原定的目録（端平元年所刻）不盡相符。現存全藏印本五百九十一函，比原目增加四十三函。全體可以区分爲九個部分：

1．《開元録》入藏經，約一千〇八十七部，五千〇六十四卷，四百八十函（千字文編號從天到英）。最後一函（英字函）收《開元釋教録略出》和《紹興重雕大藏音）。

2．入藏著述一（《法苑珠林》），一百卷，十函（編號從杜到羅）。

3．宋代新譯經一（從太平興國七年到咸平二年即九八二—九九九所刻一百八十一部），二百七十卷，二十函（編號從將到轂；以上三部分編次和思溪版相同）。

4．入藏著述二（《景德傳燈錄》），三十卷，三函（編號振、纓、世）。

5．宋代新譯經二（從咸平三年到熙寧年間所譯）及《貞元錄》續入藏經，一百四十二部，約三百三十八卷，二十八函（編號從祿到微，在這中間刻字函雜入唐般若譯《本生心地觀經》一部，從伊到衡六函收貞元錄經，曲字函收唐宋譯密典，這些都和思溪版相同）。

6．入藏著述三（《宋高僧傳》）和補遺一（《南本大涅槃經》），六十六卷，七函（編號從旦至合，和思溪版全同）。

7．入藏著述四（《宗鏡錄》），一百卷，十函（編號從濟至感）。磧砂版全藏原刻即至此爲止，一共五百五十八函。

8．補遺二（管主八補刻版），約九十七部，三百一十五卷，二十八函（編號從武至遵）。這一部分本來另有目録，現已遺失，印本也不完全，但是後來翻刻磧砂版的明代《南藏》（初刻本）保存了他的面目，上列的部數和卷數即是參酌《南藏》（初刻本）來約計的。

9．補遺三（《傳法正宗記》、《傳法正宗定祖圖》、《傳法正宗論》、《輔教篇》、《天目中峰和尚廣録》）五部，四十五卷，五函（編號徒約至煩）。這些書都是重翻元代普寧寺刻本補入的。

以上九部分總計，約一千五百一十七部，六千三百二十八卷（現行影印本總計爲一千五百三十二部，六千三百六十二卷，其中有重復計算以及將合卷本分開計算等情形）。

《磧砂版藏經》的版式和思溪版大致相同，也是每版五頁，每頁六行，每行十七字。在各版第一或第二頁折縫處刻有函號和版號，有時還刻有刻工姓名，（全藏刻工題名者孫仁等四百二十三人）；卷末有時刻寫經人姓名（全藏寫經人比丘清滿等五十三人）。

《磧砂版藏經》開始是準備依照思溪圓覺禪院本寫刻的，中間一度停頓後，又參照元代普寧寺版大藏經續刻，因此，它和這兩種刻版有密切關係，可想而知。在全藏裏又配用妙嚴寺版《大般若經》和《寶積經》另本，補充了管主八募刻的秘密經版，所以又和這些刻本的母版有其淵源（妙嚴寺刻《般若等四大部是參照福州、思溪、普寧、磧砂和弘法五版的，管版從弘法寺藏經选出則又淵源於遼金刻藏）。在宋、元各種大藏經刻版中再没有像磧砂版這樣關係复雜的了。元末，經過了兵亂，南方各種大藏經版都損失了，衹剩磧砂版比較完全，明初洪武年間（一三九七年前後）刻成的《南藏》（初刻本）就純粹用它爲底本增訂而重刻。這樣，磧砂版有些特點就又通過《南藏》而影響於以後各版藏經了。

參考資料：

《影印宋磧砂版大藏經序》，歐陽漸撰《影印宋磧砂藏經》首册之一，上海，一九三六。

《磧砂延聖院小誌》，葉恭綽撰，《影印宋磧砂藏經》首冊之二，上海，一九三六。

《影印宋磧砂版大藏經目錄》，新編，《影印宋磧砂版藏經》首冊之一，上海，一九三六。

《平江府磧砂延聖院新雕大藏經律論等目錄》，《昭和法寶總目錄》第二卷所收，東京，一九三二。

《南山大普寧寺大藏經目錄》，《昭和法寶總目錄》第二卷所收，東京，一九三二。

《明南藏初刻考》，呂澂撰，《內院雜刊入蜀之作二》，江津，一九三八。

呂澂佛學

元刻普寧寺版藏經

元刻普寧寺版藏經

《普寧寺版藏經》是中國元代私刻的大藏經。刻版地點在杭州路餘杭縣南山大普寧寺（現浙江省餘杭縣境內）。普寧寺的前身普安寺，原爲白雲宗創立者北宋清覺逝世後所建白雲塔院的遺址（清嘉慶《餘杭縣誌》卷十五，引明萬歷《杭州府誌》說，紹興間改爲傳燈院，又改稱普安寺，淳熙七年即一一八〇改稱普寧寺）。白雲宗在宋元之間頗爲盛行，普寧寺之設局刻藏，當和白雲宗的興起有關。

普寧寺大藏開雕時曾設立有大藏經局（見《大般若經》、《大寶積經》刊記），同時並刻有《般若》、《華嚴》、《寶積》、《大集》四大部（見至元十九年即一二八二《大般若經》卷一百八十六刊記）。現存《大般若經》刊記最早的年代是戊寅年（南宋祥興元年，元至元十五年即一二七八年，見卷四百二十九刊記），實際開雕年代還要早幾年，大約在南宋景炎年間（一二七六—七八），當時緇素們有鑒於磧砂延聖院刻藏事業於咸淳八年（一二七二）以後中斷，因而就繼續來發起重刻。

元至元十六年（一二八九）普寧寺大藏刻到微字函（見《中觀釋論》卷四刊記），大約不久，照思溪圓覺禪院版格式終於合字函《南本大般涅槃經》，就已全部完成，這距開雕之時，已經十幾年了。

大德三年（一二九九）普寧寺比丘如瑩從編排庋藏的便利上，曾將各經次第和分卷、分函等作了一番整理，另編了《杭州路餘杭縣白雲宗南山大普寧寺大藏經目録》。在合字函以下，從濟到感十函，還有《宗鏡録》一百卷，當是仿照思溪法寶寺本補刻的（日本現存普寧寺版藏經都止於《宗鏡録》）。另有從武到遵二十八函，是元代松江僧録管主八就大都弘法寺版藏經內，選取江南各版藏經所缺少的秘密經等數百卷，在杭州路募刻，作爲江南各版藏經的補充部分。到大德十年（一三〇六）才刻成（見磧砂藏遵字函《法寶標目》卷九題記。這部分經版後於至正二十三年即一三六三年，由管的兒子管輦真吃剌轉施給磧砂延聖院），即隨同普寧寺大藏流通，所以如瑩《目錄》後來也就補列進去。最後還補入約字函，收元沙囉巴譯秘密經軌五種及《白雲和尚初學記》、《正行集》等，但刻版年代無可考。

還有，在延祐四年到泰定元年之間（一三一七—一三二四）補刻有《景德傳燈錄》，這部分改編入振、纓、世三函。元統三年（一三三五）又補刻有新入藏的《天目中峰廣錄》，編爲韓、弊、煩三函（見明永樂版翻刻本卷首題記）。這些都是普寧寺大藏刻成以後的變動。

此版印本，以前康有爲曾藏有多卷，後歸浙江王氏。日本東京增上寺、淺草寺等處有較爲完整的全藏。

《普寧寺版藏經》的基本內容，同於思溪版。後來補充和改刻的部分，則和磧砂版互有影響。全藏依千字文編號計算，共五百九十一函，可區分爲如次的十個部分：

一、《開元錄》入藏經，約一千一百二部，四千七百三十二卷，四百八十函（千字文編號從天到英）。最後一函（英字函）收有《開元釋教錄略出》和《紹興新雕大藏音》。

二、入藏著述一（《法苑珠林》），一百卷，十函（編號從杜到羅）。

三、宋代新譯經一（從太平興國七年到咸平二年即九八二—九九九年所譯），一百八十一部，二百七十卷，二十函（編號從將到轂）。

四、入藏著述二（《景德傳燈録》）三十卷，三函（編號振、纓、世）。

五、宋代新譯經二（從咸平三年至熙寧間即一〇〇〇—一〇七七年間所譯及《貞元録》續入藏經），一百四十二部，約三百三十八卷，二十八函（編號從禄到微；在這中間，刻字函雜入唐般若譯《本生心地觀經》一部，從伊到衡六函收《貞元録》入藏經，曲字函收唐、宋譯密典）。

六、入藏著述三（《宋高僧傳》）和補遺一（《南本大般涅槃經》），六十六卷，七函（編號從旦到合。以上六部分都和思溪圓覺禪院本相同）。

七、入藏著述四（《宗鏡録》一百卷，十函（編號從濟到感，這和思溪法寶寺本及磧砂版相同）。

八、補遺二（秘密經等），約九十七部，三百十五卷，二十八函（編號從武到遵）。這一部分是江南閩浙各版藏經以前未曾收刻的密典等，本來沒有詳細目錄，磧砂藏現存這一部分的印本也不完全，茲據後來依磧砂藏翻版的明代南藏初刻本約計。

九、補遺三（《傳法正宗記》、《傳法正宗定祖圖》、《傳法正宗論》、《輔教篇》），四部，十五卷，二函（編號約、法）。

十、補遺四（《天目中峰廣錄》），三十卷，三函（編號韓、弊、煩）。

以上十部分總計約一千五百三十二部、五千九百九十六卷。

普寧寺藏經的版式和思溪版大致相同，每版五頁，每頁六行，行十七字。在各版的第一頁折縫處刻有函號和版號。

《普寧寺版藏經》原是仿照思溪版寫刻的，但經如瑩整理過的刻版，就和思溪原式有好多不同，後來磧砂藏依據它來完刻，因而也對原訂的《端平目錄》時有出入。從這些上，可見出普寧寺版藏經和思溪、磧砂兩版的關係。

呂澂佛學

明初刻南藏

明初刻南藏

中國明初在京城應天府（今江蘇省南京市）刻成的官版大藏經，通稱爲《南藏》。《南藏》實際刻過兩次，初刻於洪武年間，再刻於永樂年間。初刻完成不久就遭火災毀滅，印本流傳既少，文獻記載又不分明，因而後人都只將永樂刻本認爲《南藏》，而不知道有刻本兩次的事。真正的洪武初刻，直到一九三四年才在四川崇慶的上古寺重新發現。

《初刻南藏》開雕的年代很早，洪武五年（一三七二）四方名僧集合於蔣山點校藏經，就已做刻版準備（參照《釋氏稽古略傳續集》卷二）。刻事進行到洪武二十四年（一三九一）全藏大體完成，又續將各宗乘的要籍編入（見居頂《續傳燈錄序》）。最後有禪籍數種，都是洪武二十七年（一三九四）以後由淨戒重校，所以刻事的結束大概即在洪武末年（一三九八）。經版收藏於京城南關天禧寺。永樂元年（一四〇三），開放流通（見《釋氏稽古略續集》卷三）。次年，寺僧對禪宗語録等缺版進行了修補（見《古尊宿語録》卷十七尾跋）。但到永樂六年（一四〇八）僧人本性縱火燒了全寺，經版就隨着毁滅無存（參照《金陵梵刹誌》卷三十一）。上古寺的印本，是永樂十四年（一四一六）蜀獻王贈送的，（全部略有殘缺，並有少數復本），現在收藏於四川人民圖書館。

《初刻南藏》全部六七八函，約七〇〇〇餘卷。其基本部分五九一函（千字文編號從天到煩），純係磧砂版藏經的翻刻，大體區分爲《開元録》入藏經、入藏著述、宋代新譯、補遺等。所收典籍約一五〇〇餘種，六三〇〇餘卷（參照本書《磧砂版藏經》條）。但從五〇〇函以下，也稍有補充。如兵字函九補《救度母二十一種禮讚經》一卷，輕字函八補藏文《藥師功德經》一卷，曲字函補《番大悲神咒》一卷，法字函八、九補義忠《百法論疏》二卷等。這些書都是在北方流行，而爲《磧砂藏》所未及收入的。

此外，《初刻南藏》的補充部分共八十七函（編號從刑到魚），所收著述八十餘種，七百三十餘卷，大致如下：

刑、起、翦三函，《四十華嚴》，四十卷。

頗、牧二函，《淨土十疑論》等十七種，二十三卷（這些和再刻南藏起、翦二函所收者相同）。

用、軍二函，《六祖壇經》、《萬善同歸集》、《明覺語錄》等，約二十卷。

最、精二函，《圜悟語錄》，二十卷。

宣、威二函，《宗門統要續集》，二十卷。

沙、漠、馳三函，《大慧語錄》，三十卷。

譽到九四函，《古尊宿語錄》四十八卷。

州到碣二十六函，天台三大部等三十六種，二六六卷（這些和《再刻南藏》從實到刑各函所收者相同）。

石到熟三十函，《華嚴清涼疏》等十六種，一一二卷（這些和《再刻南藏》從煩到禹各函所收者相同）。

貢、新、勸三函，《頌古聯珠集》，四十卷。

賞到孟四函，《佛祖統紀》，五十四卷。

軻、敦二函，《翻譯名義集》，二十卷。

素、史、魚三函，《嘉泰普燈録》，三十三卷。

在這些書裏，絶大部分都是當時南方流行的本子。

《初刻南藏》翻刻《磧砂藏》的部分即用《磧砂藏》的版式，每版五頁，每頁六行，每行十七字，其補充部分也大都沿用此式。《磧砂藏》各經常刻有寫經人名字，翻刻本刊落未盡，即時存原樣。惟有《般若》等大部經的品題，《磧砂藏》比較簡單，《南藏》翻刻則多數加上經名作某經某品，這便成爲辨別兩版印本的一種標準。

但是，從大體上說，《初刻南藏》還是保存着《磧砂藏》的原來面目的。現存的《磧砂藏》印本不算完全，有了明初刻南藏的參校，很多缺略或差錯的地方都可得到增訂。像《磧砂藏》從武到遵的二十八函《秘密》等經，原來目錄散失了，現存印本函號不齊，究竟缺些什麼書，這本是個難以猜測的問題，但一對勘《初刻南藏》，也就基本解決了。至於從校勘方面看，《初刻南藏》是對《磧砂藏》原本點勘過的，並還在《般若》等大部經里更多用一些精校的妙嚴寺刻本，所以它的優點要比《磧砂藏》爲多。另外，《初刻南藏》收入禪宗語錄一類的書較多，啓發了後來的刻藏向這一方面大大的發展，這也是值得注意的。

明再刻南藏

《明再刻南藏》是永樂時所刻官版藏經。明代《南藏》初刻版燬於永樂六年（公元一四〇八），次年（一四〇九）明成祖就準備重刻，召集名僧善啓等校勘底本（參照《大明高僧傳》卷三）。此版開雕的確實年代，未見記載。但雕版地點所在的南京大報恩寺是永樂十年（一四一二）就天禧寺舊址上動工重建的，而永樂十五年（一四一七）文琇作《增集續傳燈錄凡例》已有報恩寺重刊大藏的說法，大概刻藏就在其前數年之間。刻到永樂十七年（一四一九）即已全部完成（參照《金陵梵刹誌》卷二）。

《再刻南藏》全部函數有過幾次變動。最初計劃刻版似乎只有六二八函（到塞字號爲止，未收大藏目錄），但刻完時即追加七函，成爲六三五函（到碣字號爲止，其末尾四函《佛祖統記》還是管藏經僧募緣刊入的）。萬歷年間補刻三函（石、鉅、野三字號），最後又經調整定爲六三六函（到石字號爲止），六三三一卷。它受了元代《至元法寶録》的啓發，在全部編次方面作了一大改革。其前各版藏經都以《開元録》爲據，先分大小乘，再各別細分經律論，並將宋代陸續入藏各書、譯典和著述交互夾雜地附在後面，顯得淩亂無序。再刻南藏改變了這一編法，先分經律論，再各分大小乘，而將宋元續入各書分別附在三藏之末，這就清楚得多了，不過它緊接着大小乘經就是西土撰集，其中又附帶有唐譯秘密經軌，還不能説完全合理。

《再刻南藏》的全部內容，可分析如次：

一、大乘五大部經，一三四函（千字文編號天至駒）。
二、五大部外重單譯經，七十函（食至賢）。
三、小乘經，四十六函（克至當）。
四、宋元入藏諸大小乘經，三十七函（竭至安）。
五、西土聖賢撰集，十九函（定至伏）。

六、大小乘律及續入諸律，五十五函（登至交）。

七、大小乘論，一二四函（友至漆）。

八、續入藏諸論，五函，（書至羅）。

九、此方撰述，一四六函（將至石）。

此藏全體編次對《初刻南藏》說來是有很大的出入的，只有一些內容相當的各函，所收各書次第還大體相同。《此方撰述》部門則據初刻本一再增減。象初刻中的藏文《藥師經》、《百法論疏》、《嘉泰普燈録》都刪去了，另外增加《密咒圓因往生集》、《護法論》、《大明三藏聖教目録》，後來續增《圓覺經略疏之鈔》、《維摩經註》、《翻譯名義集》，（見寂曉《大明釋教彙門標目録》），最後又將此三種歸入續藏，而另增《圓覺略疏註》、《心經集註》。因此這一部門的函數也屢經變動，末後才定爲一四六函。

《再刻南藏》的版式依照其前各版作梵筴本，每版三十行，摺成五頁，每頁六行，每行十七字。字體仍用歐書，但沒有初刻本那樣工整。初刻殘留的磧砂藏題記，大都給刻除了，只留少數有關校勘的說明（象《傳法正宗記》首卷題記說明用開元寺本重刊等）。

再刻版完工後即藏於報恩寺，供應各地的請印。這比後來藏版宮中的北藏印刷便利得多了，因而現在各處保存它的印本也較多。明萬曆十二年（一五八四）北藏續刻著述四十一函（千字文編號從鉅至史），南方無版，後經南京禮部郎中葛寅亮代爲計劃，利用印藏的板頭錢，陸續補刻（改用宋體字），在萬曆三十四年時已刻成十四函，全部何時刻齊，還不明瞭。

這部藏經刻版是在《初刻南藏》的基礎上加以改編的，成爲後來各種刻藏的依據，而和它關係最密切的，要算《明刻北藏》。

呂澂佛學

明刻徑山方冊本藏經

明刻徑山方册本藏經

《徑山方册本大藏經》是中國晚明開雕的私版。這部藏經先在各處分刻，最後集中版片儲藏於徑山（現浙江省餘杭縣境内）化城寺，還有它的版式改變了向來沿用的煩重的梵筴式而採取輕便的方册即一般書本式，因此得名爲《徑山方册藏》。又此藏後來全部由嘉興楞嚴寺經坊印造流通，所以也稱《嘉興藏》。

此藏刻版發起於明代萬曆七年（一五七九）。袁了凡（黃）向幻餘（法本）談到明代官刻南藏歲久腐朽，《北藏》請印不易，不如改刻方册本，易印也易保存。幻餘贊同其議而未實行。這時紫柏（真可）聽説其事，就力促幻餘發起刻藏。其後，紫柏的侍者密藏（道開）一同參加，專任其事。先修建嘉興楞嚴寺，並歷訪江、浙諸山，選擇刻場。又得陸光祖、陳瓚、馮夢禎等贊助，萬曆十二年（一五八四）陸撰《募刻大藏經序》，進行募款。同時組織定期點勘經本的「檢經會約」，訂出校經凡例，爲藏經的開雕做好準備。

從此，居士中同盟發愿擔任募款的有曾乾亨、傅光宅、瞿汝稷、唐文獻、曾鳳儀、徐琰、于玉立、吴惟明、王宇泰、袁了凡拾人。紫柏和密藏到北方勸募，又和憨山（德清）訂盟。這一刻藏運動便擴大影響到南北僧俗中，而終於實現其事。萬曆十七年（一五八九）決定以五台山紫霞谷妙德菴爲刻場，開始刻《華嚴合論》、《梵網經》、《起信論》等。連續四年，刻成正續藏共五百二十餘卷。因爲五台山氣候過冷，刊刻不便，乃於萬曆二十年（一五九二）冬南遷徑山寂照菴，續刻《梵女首意經》等經。萬曆二十一年密藏病卒，刻事由幻餘、如奇等繼續主持。萬曆二十九年（一六〇一），編刻募刻大藏經各序爲《刻藏緣起》，並訂立「刻場經費劃一」辦法。

萬曆三十一年（一六〇三），紫柏死在燕都。當時有力贊助的居士們也多没落，藏經刊刻事進行困難，不能再集中於徑山。便在嘉興、吴江、金壇等處隨着施款就地散刻，而大部分把刻成的經版送到嘉興楞嚴寺經坊印刷流通。這些散刻的地方，後來有嘉興漏澤寺、吳江接待寺、吳郡寒山化城菴、姑蘇兜率閣、虞山華嚴閣、金壇僱龍山等處。萬曆三十七年（一六〇九），楞嚴寺經坊再訂《藏版經直劃一目錄》，刻事至此告一段落。此後即採取吳用先、包世傑的建議，用印經流通餘資來續刻經版。像楞嚴寺般若堂用印經流通餘資刻成五部律等，即其一例。萬曆三十八年（一六一〇）復修建徑山東麓的舊化城接待寺爲徑山下院，專門儲藏方册大藏經版。

崇禎十五年（一六四二），利根看到方册藏刻了五十多年，已經刻了十之八、九，而且各處散刻經版並沒有全部送藏徑山，因而發愿要完成這一樁刻經事業。他奔走各地，募款續刻，又疏請政府協助，催各處所刻經版都送往徑山。直到清代康熙六年（一六六七），正、續藏才基本完成。以後復補刻缺本，於康熙十五年（一六七六）完工。康熙十六年（一六七七）編刻《方册正續劃一目錄》。方册本大藏經從五台開雕以來，到此已歷八十八年，才算全部完刻。

康熙十六年以後，方册藏還續刻了又續藏，大部分在楞嚴寺經坊編刻，但其中也包含有各處捐贈的經版（如第三十七函《古林智禪師語録》是康熙三十六年即一六九七年在別處所刻而捐入楞嚴大藏流通的）。這些版片後來是否統統藏於徑山，無可考。雍正元年（一七二三），浙江巡撫李馥曾對全部經版中漫漶亡失部分加以補刻，又續藏的編刻到此也就結束了。

方冊本藏經因爲印刷便利，所以流通較廣，現在江、浙地方還保存有它的印本好幾部。它全體分爲正藏、續藏、又續藏三個部分，共三百五十二函（此依清雍正元年刻本目録統計，其先所編目録續藏少五函，又續藏少四函，原來各函的內容也略有變動），約一萬二千六百十卷，其中正藏部分純粹依照《北藏》編次（末尾兼收《南藏》獨有的幾種），大體即分爲大乘五大部經等九個門類，一千六百五十四種，二百十函，約六千九百三十卷；續藏部分收藏外典籍二百四十八種，九十五函，約三千八百卷；又續藏部分收藏外典籍三百十八種，四十七函，約一千八百八十卷。《方冊藏》倡刻者紫柏、密藏，都很注意搜集藏外著述，開版以來即陸續刻出，所以後來滙成龐大的續藏、又續藏，此實爲本版藏經內容之一特點。致於這部分內容，有義疏、各宗著述、懺儀、語錄以及融通，護教等籍。義疏以解釋《楞嚴經》的爲多，其次是《金剛》、《圓覺》、《華嚴》、《法華》等經疏及《起信論疏》等。各宗著述則有天台、賢首、慈恩、律、淨等籍，大都是明清人所著。語錄部分種類特多，幾乎佔過半數，這也反映那一時期佛教界思想的情況。

方册藏的版式，廢除了過去藏經的裱摺的梵筴式而採用綫裝的書本式，這完全是受了它以前的武林版的啓發（這一版也是用方册式來刻經，其詳細情形現已無考）。它每版二十行，行二十字，版心近於正方，分成兩頁，有邊框行綫，用宋體字。書口刻部類、書名、頁數及千字文編號。每卷末都有刊記，載明施主、校對、寫、刻等人的姓名，刻版年月、刻場等，極便稽考。每册容納經文二至五卷，在印造上比之梵筴要經濟輕便得多。如《大般若經》原有六十函、六百筴的，方册本只十五函、一百二十册而已。因此，方册本正藏部分各經雖仿照北藏用千字文編號，而訂册裝函則依函數次序，稱第幾函，詳見《藏版經直畫一》。

方册本藏經以《北藏》爲底本，而以《南藏》及少數宋、元本藏經對校，照比較合理的文字改訂，遇有疑難，在檢經會上討論決定。這樣校勘方式比較訂得完善，萬曆三十一年（一六〇三）以前所刻，較爲認真遵守，後來刻場分散各處，就不能貫徹了。

《方册藏》對於以後刻藏的影響，主要是方册本的格式和藏外典籍的網羅。清代官刻大藏經内新的入藏典籍，大部分採自本版藏經的續藏及又續藏部分。清末金陵刻經處提倡刻經，並引起各地仿刻，版式完全仿照方册本而較縮小；内容也不受舊版入藏範圍的限制，不依舊藏的編次，但以流通佚籍和適應需要而選刻；這些可說都是繼承了方册藏的優良傳統的。

呂澂佛學

清刻藏經

清刻藏經

中國清刻藏經一稱龍藏，是清代的官版。雍正十一年（公元一七三三），清世宗命王公大臣漢僧及喇嘛一百三十餘人，廣集經本，校勘編稿。一三年（一七三五）開刻，至乾隆三年（一七三八）完成，僅僅費了四年工夫。版片現還完全存在，國內各寺院所藏印本也極多。

清藏全部分正藏和續藏兩類。正藏共四百八十五函，以千字文編號，從天至漆，內容編次和《明刻北藏》完全相同，也分(1)大乘五大部經(2)五大部外重單譯經(3)小乘《阿含經》及重單譯經(4)宋元入藏諸大小乘經(5)大小乘律和續入藏諸律(6)大小乘論(7)宋元續入藏諸論(8)西土聖賢撰集八個部門。續藏共二百三十九函，是《此土著述》一部門，編號從書至機，內容依照《北藏》加以增減。

據雍正《重刊藏經序》說：「歷代名僧所制義疏，及機緣語錄，各就其時所崇信者陸續入藏，未經明眼，辨別溜澠，今亦不無刪汰，俾歸嚴淨。」在這樣的企圖下就刪去史傳類的《釋迦譜》等，目錄類的《出三藏記集》等，音義類的《一切經音義》等，義疏類的《觀音經疏闡文鈔》等，著述類的《止觀輔行傳弘決》等，語錄類的《宗門統要續集》等，一共三十六種，另外加入雍正十三年入藏的有關《華嚴》的著述《會本懸談》、《會本疏鈔》（這些即是所刪《華嚴疏鈔》重新整理過的本子）等四種，乾隆二年以清人著述為主而續入的《楞嚴正脈》、《成唯識論音響補遺》、《梵網經直解》、《毗尼止持會集》、《作持續輯》、《毗尼關要》、《紫柏全集》、《憨山全集》各家語錄以及雍正自選的各書等五十四種，並重新編次。

以上正續藏總計七百二十四函，七千二百四十卷，收書一千六百七十種（外有全藏目錄五卷）。隨後又抽去《開元錄略出》、《辨僞錄》、《夢感功德經》、《明太宗制序讚文》、《楞嚴蒙鈔》五部、七十三卷的版片，不予流通。從所收各書的數量上看，這一版藏經總算是內容豐富的，但其續藏的《此土著述》部分，隨意取舍，以致經録割裂不全（《出三藏記集》是重要之籍，不應删去，其餘《歷代三寶記》、《譯經圖記》、《武周刊定目録》等也是有關文史參考需用的書，而一律淘汰，未免失當），音義成爲空白（《北藏》僅有的《紹興重雕大藏音》、《一切經音義》、《華嚴經音義》三種，全數删除），而台宗典要也多數殘缺（如台宗三大部加了《法華玄義釋籤》，却删去《摩訶止觀輔行傳弘決》，又《國清百録》爲台宗歷史文獻滙編，亦從删），這樣漫無標準的編纂，比起以前各版藏經來，未免減色多多了。

《清藏》版式即仿照《明刻北藏》，每版二十五行，折成五頁，每頁五行，每行十七字。在校勘方面，它原來不滿意北藏的疏漏，很想做到較勝一籌，但當時舊版藏經所存無幾，版本的辨別已十分模糊（如誤認《明刻徑山方册本藏經》爲《南藏》等），又極端輕視音義的價值，因而校勘的成績，實際很差。

呂澂佛學

新編漢文大藏經目錄

新編漢文大藏經目録

談新編漢文大藏經目録譯本部分的編次

現在就漢文大藏經中譯本部分重作一番整理，另編新目，這對佛學的研究説來，是十分需要的。漢文大藏原以譯本爲主，從它們的編次上面可以反映出印度佛學體係是怎樣組成，各種學説是怎樣發展，乃至中國有翻譯以來是怎樣傳播的。不用説這些都可作爲佛學史、譯經史等研究的重要參考。但是舊有的漢文大藏（這指我國歷代刻印的乃至以後日本編印的而言），總存在着一些缺點。或者是區分部類之不很恰當，或者是弄錯了經本之失譯與有譯，或者是譯撰不分而誤收了疑僞之書，這就會模糊了讀者的認識，使佛學的研究走入歧途。隨便舉個例子來説吧，如在漢文大藏中有原來失譯並未詳作者的《發菩提心論》一書，誤題爲世親所作，又誤認爲姚秦鳩摩羅什所譯，這使世親的年代較實際提早了將近百年。今人對世親的時代還在紛爭不絕，自然會引用到這一錯誤的史料①。因此，對漢文大藏再作整理，實在是必不可少的。

漢文大藏最初編成的定型，是《開元釋教録》的入藏録。它對譯本部分區別爲大乘的經、律、論與小乘的經、律、論。大乘經中，以般若、寶積、大集、華嚴、涅槃五大部及五大部外的譯本分類。大乘論又以釋經、集義分類。餘部編次各書雖以性質相近的彙列一處，但不分門類。這一編目，一直作爲後世寫本、刻本的準繩。在這之後繼續譯出的佛典，見於《貞元録》《祥符録》《天聖録》《景祐録》等裏面的，大都彙編爲宋代新經，或宋元續入經等附在《開元録》經之後。這樣自然見得機械堆疊，很不調和。元初慶吉祥等編纂《至元法寶勘同目録》對大藏各經的編次作了調整。它以經律論三藏爲綱，再各區分爲大乘小乘兩類。至於大乘經論的再分部門，以及經典的序列，仍照《開元録》一無改動，不過在每類每部之後，分別附加貞元、祥符、景佑各録所載的新譯，一變其前彙編續入藏經的籠統作法，總算是比較合理的了。這一改編影響到明代再刻本南藏②和北藏，都照它編刻。到了明末，智旭撰《閲藏知律》又打破了《開元録》以來的舊格式，而對大藏作了全盤的整理。他在大乘經内依着天臺家五時判教的說法，改分華嚴、方等、般若、法華、涅槃五部，在方等之內統收了顯教寶積等部之書以及密教所有的經軌。又在論藏內于釋經、宗經（即以前的集義論）而外更增加諸論釋一類。他還將中國撰述的章疏論著，擇要分別列在各門譯本之後。另外，對有重譯本之書，不以翻譯之先後爲次，而爲讀者有所去取着想，選取各譯中文字最好的一本爲主，再列餘本，並低一格書寫以便識別——這些都是智旭的創見。這一編次後來影響於日本。一八八〇—八五年，日本弘教書院校印《大藏經》的大部區分及經籍次第等都是依着《知津》的（見《大日本校訂大藏經凡例》）。

其後，日本從一九二三—二八年，編印《大正新修大藏經》（基本部分前五十五卷）對漢文大藏的編次再度作了改訂。它以清新圓到的編纂爲目標，要在學術基礎上，一新從來經本以混雜排列而使其系統組織明確整齊（見大正藏「刊行旨趣」），這樣就在分類上有顯明的特點。它將經律論三藏譯本總分爲十六個部門：一、阿含，二、本緣，三、般若，四、法華，五、華嚴，六、寶積，七、涅槃，八、大集，九、經集，十、密教，十一、律部，十二、釋經論，十三、毘曇，十四、中觀，十五、瑜伽，十六、論集。各部的經籍也都比較整齊地重行排列過。從《開元録》的長期支配下漢文大藏上的一套格式，大部分都排除了。不能不算是一大革新。

漢文大藏儘管經過了一再改編，現在看來仍覺得是不够的。像在分門別類，特別是在大乘經的門類方面，是帶着以大部經作爲標準的意味，所謂華嚴、大集等等都是以容量龐大而予以獨立地位（當然由判教的理論説，這些也代表了佛陀説法的某一個階段，可以用爲部門名目），而合攏了這些部門，仍難看出大乘學説的全盤的體係如何。至於各部門内經典有譯失譯的覈訂，好像從來就没有爲改編大藏者所注意，更不用説于中會簡别出什麼疑僞書籍來另作安排了。

我想，現在還是要在已有的整理基礎之上，再進一步對漢文大藏來個徹底重編的。最先要解决的是大乘經更加合理的區分部類問題，其次則爲各别經籍有譯失譯的覈實，然後再及其他。我最近遇有機會，編成了一部漢文大藏經的新目草稿，對上面提到的兩個問題，試作了初步的解决，下面扼要寫來向讀者們請教。

第一，關於大乘經的重分部類。這從大乘學説最後形成的體係來説，區分爲寶積、般若、華嚴、涅槃四部也就比較合式了。這些名目雖與以前分類所用的相同，但不是單純指的大部經典，而是借來分別表示大乘佛學各個方面的特質。寶積部可以概括通論大乘一切法門的各經，故列爲第一部，般若、華嚴、涅槃各部則分別包括詳細闡明大乘「道」、「果」的各經，故依次列之。有此四大部門一切大乘經即可收攝無餘，不必再用方等、經集等籠統的門類。

怎樣説寶積部可以包括通論大乘法門的各經呢？原來寶積的名稱就是指賅攝大乘法寶各種異門的經典而言③。西藏經録家相傳寶積經類有百千品，十萬頌，與華嚴大本相同，而現存大部四九品，只是據所存者儘量譯之而已④。還有，這大部的四十九品的彙編，似乎即以漢地所傳譯的一本爲據，而分從印土、于闐及中國內地的舊本湊合譯成⑤。可見以寶積門類言，不必限於一種大部。像《大集經》，實際即係另一類的《寶積》叢編。它可説是搜集寶積性質的一些經，在與《大寶積經》編纂的不同時間，不同地點編成的，其中既有與《大寶積經》相交叉的經典，《大集》的《寶髻菩薩品》《無盡意菩薩品》即同於《寶積》的《無盡意菩薩會》《寶髻菩薩會》，又帶了一些特別的地方色彩⑥。所以可視爲《寶積》的別裁而並爲一部。還有零星説菩薩乘一切法門以及此類以人爲主的「問經」（如《思益梵天問經》等）「説經」（如《維摩詰所説經》等），這些都是具備與大部四十九品中已有的體裁的，還有些從《大寶積》末分《勝鬘經》思想發展而來的一類如來藏經典（如《入楞伽經》等），當然也要收在此部之内的。這樣，寶積部所收的經典就應當比較的寬泛，而數量也比較多了⑦。

其次，以般若、華嚴、涅槃三部來包括了詳説大乘「道」、「果」的各經，這是從《攝大乘論》所説得到啓發而來建立的。《攝大乘論》是種扼要闡明大乘學説特點的書，它説大乘道（即大乘的踐行），大分彼入因果（有關證悟法相的各類因果）彼修差別（有關因果修行的次第）兩個方面。因果以六度爲綱，差別則以十地爲綱。由此，説六度，特別以般若爲首導的諸經，自《大般若經》以次，都可屬於般若部。而從般若發生功德，所謂諸三昧門，諸陀羅尼門⑧與這兩大類有關的經典也都可以收入般若部門，爲其眷屬。又以十地爲中心而説的各種大乘經，自《華嚴經》以次，都可屬之華嚴部。而華嚴原以大方廣佛華嚴爲題，意思是説「諸佛衆會」，因此一切説佛土、佛名的經典，自然也可附於華嚴部門。最後《攝大乘論》説到大乘果時，以彼果斷及彼斷智兩個方面，包括了涅槃與三身，因而自《大涅槃經》以次的各經以及説三身的《金光明經》等都可歸入涅槃部。又《法華經》通常視爲表示大乘最後究竟之説，也可併入此部。上面的四個部門統攝了一切大乘經典，雖不能説每種都能安排恰當，但大體上也勉强説得過去了。這就不用再立什麼部門。

第二，關於一些有譯無譯經本的覈實。漢文大藏中很多原來失譯或缺本新得之書由于考訂未當而致誤題了譯者的，這樣的錯誤大半因仍《長房録》而來。《長房録》博而不精，它常常單憑舊録的記載，即臆斷一些失譯的書出自某家，以致早期的經師都驟然增加了好多譯本，而模糊了各翻譯者的真相。以安世高爲例，最初《僧祐録》依《道安録》所舉譯籍不過三十五部四十一卷，其中還有缺本六部，疑是出撰述的四部。但到了《長房録》就隨便增加到一七六部，一九七卷（見《長房録》卷四）。這樣大的數目，連長房本人也不敢輕信，所以在他編輯入藏目録時，即將其中一部分歸還於失譯之内（見《長房録》卷十三、十四）。如《長房代録》中原以失譯的《長者子懊惱三處經》《十八泥犁經》等爲安世高譯本，但入藏録仍歸諸失譯。後來《開元録》編定入藏録時對於《長房録》中所有這樣情況的都忽略了，它也不是不想改正，但常常將長房未定之説，反而肯定下來（如前舉的《長者子》等兩經，《開元録》仍以爲安世高譯本，這種錯誤當然應由《開元録》作者來負責了）。像這樣的誤題譯者的經籍，通過《開元録》而留在現行本的漢文大藏中的，其數很多。這算是一類。其次，在《大周刊定衆經目録》裏常引用《達摩郁多羅録》（即《法上録》），隨便刊定一些失譯經的譯者（如《大寶積經》第四會《淨居天子會》原係失譯本，《大周録》卻從《法上録》斷爲竺法護譯），該録顯係僞書，它與《長房録》中所引到的《法上録》並無共同之處，所以根本不能相信，但這樣誤題的經也有若干部，通過《開元録》而留存在現行本大藏之中。這又算是一類。最後，還有些在編輯《開元録》時才被發現而作爲拾遺編入的書，或因信題記而誤斷譯人（如《大明咒經》新獲寫本，疑羅什譯，即信爲真，實則《大周録》中所見此本即未題譯者名字），又或由猜測即爲舊録所載的缺本（如《長房録》中有很多對於缺本經的刊定，就未見其書，自然不免臆斷。《開元録》作者後獲新本，何能貿然即認爲長房所據，而輕易置信？如今大藏中有《須摩提菩薩經》實係竺法護譯本羼雜餘文湊成，而《開元録》信爲房録所説原缺的羅什譯本，乃保留至今）。像這樣錯誤的書，也有若干種。這又算一類。以上三類情況雖不全同，而誤題譯者則一。統計其數，近二百種。都要加以考訂，或竟予刪除。經過這樣刊定，使人對於翻譯史的研究，會有不少的便利。試以我國早期四大譯家現存的譯本爲例，將舊藏所載與新編訂正的數字作一比較表於下，即可見其間有怎樣出入，而訂正再不容緩了。

四譯家	舊藏所載譯本部卷⑨	訂正譯本部卷
安世高	五四部五九卷	二二部二六卷
支類迦讖	一二部二七卷	八部一九卷
支　謙	四九部六七卷	二七部四三卷
竺法護	九〇部二〇七卷	八五部一九一卷

隨着譯本的釐訂，自然有些以撰述托名翻譯的書也就清查出來，這些即一般所謂疑僞之書，不管它們有些所說的道理怎樣圓到玄妙，但從大藏編纂的原則上說，應爲學術研究務得真實着想，仍要對它們徹底料簡（或即作爲譯本的附屬部分）。本來這樣區分，並不一定意味着那些撰述本身的價值就不如譯本。道理的是非與翻譯或撰述並不是有平行關係的。那麼，又有何忌諱而不使編訂得徹底呢？我想，以上兩大問題如能得到圓滿解決，其餘編次上的事項也就可以較易處理（其中比較有問題的只是密教經軌的分類以及各種密典譯撰的辨別），這樣，我們理想上的大藏經新目錄或者可以早日實現了吧！

一九六三・四・二〇

注：

①關於今人研究中對世親年代的不同看法，見干瀉龍祥《世親年代再考》（《印度學佛教學論集》第二部分）。

②南藏初刻在洪武初完成，因版片不久遇火災被毀，印本流傳極少，詳見拙作《明南藏初刻考》（先師歐陽竟無先生全集內「內學雜著」卷上附載）。

③見元魏譯《大寶積經論》卷一，論云：「彼大乘法寶中所有法相盡攝取故，此妙法門名爲寶積。」此不僅爲一部經之名，也可用作通名。

④德格版丹珠爾目録，刻本第一二〇頁上。

⑤見前録，第一二三頁上。

⑥一般說《大集經》的編纂與西域的疏勒地方有特別關係。見羽溪了諦《西域文化概論序說》（《龍谷大學論集》三四三）又山田龍城《梵語佛典的諸文獻》第一〇〇頁。

⑦我最近編成的大藏經目草稿，這一部共收經典二四九部。

⑧《大品般若》以三昧與陀羅尼二門概括大乘，見《摩訶衍品》、《四念處品》。又《大智度論》卷四七、四八。

⑨依《南條録》附録的統計，見該録三八一——三九四頁。

有關大乘經分類部分的補充說明

《新編漢文大藏經目録》關於大乘經的分類，是和從前的各種藏經很有出入的。爲什麼要那樣區分，我在《初稿》的卷頭和《談漢文大藏經譯本部分的編次》的前半段已經作了說明。但最近看到周叔迦先生提出的種種意見，覺得我的說明還嫌太簡略了，因此再來補充幾點：

一、《初稿》將大乘經分成四部，分别用了「寶積」「般若」「華嚴」「涅槃」等名目，似乎都以一經的别名作爲一部的通稱，有些不合，但這完全依照經録家的慣例，並不足爲奇。因爲即使以一種經名來作部目，部内仍可收入根本的、支分的以及眷屬的各經，不必僅僅限於那一種經和它的異譯本的范圍，所以無妨其爲通稱。（此例在《開元録》已發其端，見該録的卷十一和卷十九。）就以比較晚出的《大正大藏經》來說吧，在其「寶積部」內除去《大寶積經》和它的異譯本而外，即收有別的經典一十四種，又「般若部」收有《大般若經》和它的異譯本以外的經一十七種，「華嚴部」收有《華嚴經》和它的異譯本以外的經一十二種，「涅槃部」收有《大涅槃經》和它的異譯本以外的經一十九種，其它「法華部」「大集部」都有同樣的情形，足見以別名爲通目，從來就不成什麼問題。

二、《初稿》以「寶積」作爲通論或泛說大乘法門經典的部名，這也是從佛教經典發展的史實來考慮的。「寶積」這一名目，最初用於現存《大寶積經》的第四十三會「普明菩薩會」，所指的是叙述「菩薩藏十六門教授」，也就是泛說大乘的主要法門（這些還着重在以法教「異門」的形式來列舉）。後人根據這一種意義，滙集類似的各種經典，成爲一大叢書，就稱之爲「大寶積」。由此可見「寶積」並非泛泛的贊美之词，還是確有所指的。印度原來編纂的《大寶積經》內容如何，已不清楚。但據《慈恩傳》卷十所說，《大寶積經》原本的分量和《大般若經》相等，譯出來也有六百卷之多，而後來菩提流志輯譯成書的《大寶積經》一百二十卷，只得《大般若經》

的五分之一，當然原本遺失是很多的了。現在從大乘羣經中取其性質和《寶積》相類的，以支分經，眷屬經的意義，統收於「寶積部」內，這應該是可以允許的。至於其中有些「問經」「説經」，還具備《大寶積經》裏已有的體裁，更無妨其爲同部（經典的體裁在大部頭的編纂中有一定的意義，譬如《雜阿含經》的編纂就是以收入以偈頌爲主的「八衆誦」爲其特徵之一）。但是那些經典之隶屬於「寶積部」，主要還是因其性質之相似，並非單純由體裁來作決定，《談漢文大藏經譯本部分的編次》談到此點，其語意是很明白的。

三、《大集經》和《大寶積經》的內容性質很多相通，這在兩經的本文裏，早就有了説明。例如《大集經·海慧菩薩品》在用從一法到四法的異門來抉擇大乘義理時，就説明這是「寶聚」（即「寶積」，見凉譯本卷十），又在經末明白地説此經名「大寶聚」（即「大寶積」，見凉譯本卷十一），這可算是大集通於寶積之一證。又《無盡意菩薩經》原來即是《大寶積經》的一品（見龍樹《十住毘婆沙論》秦譯本卷六），而經末又明説「此經名無盡意所説不可盡義章句之門（即「異門」），又名大集」（見《大集經》凉譯本卷三十）。這又可算寶積通於大集之一證。《大集》與《寶積》兩經的內容性質既然相通，所以《初稿》編爲一部，並無大礙。至于因爲《大集經》晚出的部分（如「月藏分」等）說及佛教末法的問題，當其譯出以後即遇到周武破壞佛教之事，佛徒對於此經不期然地印象很深而大加推崇，這自然不能視爲《大集經》定要獨立成部的充分理由。

四、《初稿》之區分大乘經的部類，原來是按照晚期大乘佛學的體係而作安排，那麼，由大乘要典《攝大乘論》所說的啓發去體會《般若》《華嚴》等經的特質，應該更能切合。盡管那些經典內容也涉及大乘的全盤義理，但其各有所偏重，或以修道的因果行（即六度）爲綱，又或以修道的差別行（即十地）爲綱而貫穿一切，則在文脈上表現得極其顯然。《初稿》即着眼於此等重點而將「般若」「華嚴」分成顯示大乘道的兩個方面的兩部。至於涅槃經類着重詳說大乘的極果，可不待言，但依據原始要終之義，談佛果就不能不辨明佛性，辨佛性即不能不涉及一乘，這看《攝大乘論》在「彼果智分」的一品中兼用「爲引攝一類」云云的兩個頌文解釋說有一乘之所以，即可了然。《初稿》將會三（三乘）歸一（一乘）作究竟之談的《法華經》編入涅槃一部，即從學理言，似亦未見其不當。

五、向來視爲諸大部以外的大乘羣經，由于它們的內容復雜，分類較難，各種大藏即以「部外」或「方等」或「經集」等名目滙爲一部，籠統蕪雜，本不足爲法。《初稿》於此，仍從學說的體係着想，試爲比較合式的處理。除去其中大部分收入「寶積部」以外，所余則從「般若」「華嚴」等部可能聯係的方面，分別歸隊。這由于實際的限制，自不會吻合無間，但就學理上說，仍都有其相當的根據。例如，三昧和陀羅尼在般若諸功德中可算是最主要的種類，所以般若經典特加重視，在經文的卷首列舉大乘會衆贊其功德，總是以「具足諸陀羅尼及諸三昧」一句領先（參照《大品》《放光》《光贊》的首卷）由此，一切三昧和陀羅尼經典無妨視爲般若眷屬（陀羅尼本有四類，兼通顯密，「般若部」所收自與顯教有關者爲限）。又如，三身、二土，在華嚴學者看來，主要是「真應相融、淨穢無礙」的（見澄觀《華嚴經疏》卷一，又卷十一），這也就是從應身而證真身，即穢土而見淨土，並不能機械地割裂來理會。

《初稿》以佛名、佛土諸經係屬於「華嚴部」內，也有取於此意。

最後要附帶說到的是，《初稿》草創，缺點很多，這還等待同人多多指教，使它逐漸改訂完善。以上幾點補充說明不過將我編纂《初稿》（關於大乘經分類部分）的原意解釋清楚，以供同人提意見時的參考而已。

一九六三・十二・二十

新編漢文大藏經目録説明

一、本目録内容區分爲五大類：一、經藏，二、律藏，三、論藏，四、密藏，五、撰述。前四類收譯本，後一類收中國撰述。

二、四類譯本均依佛學之體係而編次。經藏先列大乘通論之經爲寶積部，次列大乘別詳道果之經爲般若、華嚴、涅槃三部，後列小乘共依之經爲阿含部。此五部又各以根本經典居先，支分經典次後。其問法、記別功德經之於寶積部，三昧、陀羅尼經之於般若部，佛名、佛土經之於華嚴部，佛身經之於涅槃部，雜藏經之於阿含部，均以義類相從，編爲各部之眷屬，列於部末。

三、律藏合大小乘爲一部，先列大乘律，後列小乘律，又各先戒經而後經釋。至於本生、本事、譬喻、因緣各籍，原爲律藏之支分，今即編次于經釋之後。

四、論藏分釋經、宗經兩部。釋經論依所釋經典之次序排列，宗經論則依大乘中觀、瑜伽、小乘有部，余部之次第列之。並以印度撰述附載其末。

五、密藏綜合經軌，别爲金剛頂、胎藏、蘇悉地、雜咒四部。金剛頂部經軌依十八會次第排列，晚出及通論之書則彙編於部末。雜咒種類較繁，今依諸佛、佛頂、諸經、菩薩、觀音、文殊、明王、諸天、陀羅尼等順序編次。又日本流傳之經軌，不見載於經録者甚多，大都屬於撰述而僞托爲翻譯，今只選録數種，餘悉從删。

六、經論晚出譯本，有經録未及記載而僅見於刻印本大藏者，今亦擇要編録。注明出處概用略號，其例如次：

〔宋〕南宋前思溪藏本。
〔元〕元普寧寺藏本。
〔明〕明北藏本。
〔清〕清龍藏本。
〔麗〕高麗再雕大藏本。
〔日〕日本大正大藏本。

七、四類譯本中有疑係撰述或判明屬僞妄者，作爲疑僞之書，附録於論藏及密藏之後。又舊編大藏經中收有外論兩種，今隨論藏疑僞編次。

八、本録記載各書名目、卷數、譯者、譯時、異譯本勘同等項，主要以最初著録之經録爲據，註明出處亦用略號，其例如次：

〔祐〕梁僧祐《出三藏記集》。
〔經〕隋法經等《衆經目録》。
〔房〕隋費長房《歷代三寶記》。
〔仁〕隋仁壽年彦悰等《衆經目録》。
〔泰〕唐静泰《大敬愛寺衆經目録》。
〔内〕唐道宣《大唐内典録》。
〔圖〕唐静邁《古今譯經圖記》。
〔周〕周明佺等《大周刊定衆經目録》。
〔開〕唐智升《開元釋教録》。

〔章〕唐玄逸《開元釋教廣品歷章》。
〔續開〕唐圓照《大唐貞元續開元釋教録》。
〔貞〕唐圓照《貞元新定釋教目録》。
〔續貞〕南唐恆安《續貞元釋教録》。
〔祥〕宋趙安仁等《大中祥符法寶録》。
〔景〕宋呂夷簡等《景祐新修法寶録》。
〔至〕元慶吉祥等《至元法寶勘同總録》。

上項最初著録如顯然錯誤者，則改用餘録或今人考證之説，並加註「餘録云云」或「今勘云云」。

九、現存宋元明各本大藏經，對於隋唐以前譯籍，常有依照「開元録」之錯誤考訂而誤記書名、譯者等項者，今悉加以訂正，並註明《開元録》「後誤云云」。其有異説可以備考者，亦一併註出。

十、凡有異譯本之書，均以翻譯在先或譯文較備之一本居首，而彙列餘本於後。

餘本書名皆縮進一格排列（編號前加短横綫），以便識別。

十一、第五撰述類以中國撰述爲主，高麗、新羅學人之作在中國流行者亦酌量收入。

十二、依撰述體裁區分爲章疏、論著、語録（拈古、頌古、評唱等附）、纂集、史傳（地志等附）、音義（悉曇、法數等附）、目録（提要等附）、雜撰（護教、懺儀等附）等八部。章疏部又分爲經疏、律疏、論疏、密教經軌疏、義章五目；論章部又分爲三論宗、天台宗、慈恩宗、賢首宗、律宗、禪宗、淨土教、三階教八目。

十三、各部撰述中現存唐代以前諸作除殘缺過甚及不大重要者外，盡量編入。其出唐代以後者，則擇要著録。至於日本所傳唐人有關密教雜撰，來歷多有問題，今暫從删除，俟後補訂。

十四、各種註疏皆依所釋之書載於本目録之次序編録。同一撰述之有關諸作，則彙列一處以便閲者。

十五、撰述年代可考者皆註出（兼註公元），無考者擇要附註作者生卒年代備考

（但于作者名字初見處加註，次後從略）。其書作者如有疑問，則加（？）號以爲區別。

十六、本録所載各書，均編號以便檢索。

一九六三年一月

新编漢文大藏經目録

經藏　總六八八部二七九〇卷

寶積部　二四九部　八〇六卷

〇〇〇一　大寶積經　一二〇卷。唐菩提流志編譯。神龍二年至先天二年（七〇六—七一三）出〔開〕。分四十九會如次：

（一）三律儀會　三卷。唐菩提流志新譯〔開〕。

（二）無邊莊嚴會　四卷。唐菩提流志新譯〔開〕。

（三）密蹟金剛力士會　七卷。原名密蹟金剛力士經。晉竺法護譯，太康九年（二八八）出〔祐〕。勘同編入。

（四）淨居天子會　二卷。原名菩薩〔説〕夢經。失譯〔經〕。後誤竺法護譯〔周〕。勘同編入。

（五）無量壽如來會　二卷。　唐菩提流志新譯〔開〕。

（六）不動如來會　二卷　。唐菩提流志新譯〔開〕。

（七）被甲莊嚴會　五卷。　唐菩提流志新譯〔開〕。

（八）法界體性無分別會　二卷。　原名法界體性无分別經。失譯〔經〕。

後作梁曼陀羅仙譯〔房〕。勘同編入。

（九）大乘十法會　一卷。　原名十法經，元魏佛陀扇多譯。元象二年（五三九）出〔房〕。勘同編入。

（一〇）文殊師利普門會　一卷。唐菩提流志新譯〔開〕。

（一一）出現光明會　五卷。　唐菩提流志新譯〔開〕。

（一二）菩薩藏會　二〇卷。　原名大菩薩藏經。唐玄奘譯〔泰〕。貞觀十九年（六四五）出〔開〕。勘同編入。

（一三）佛爲阿難說處胎會　一卷。　唐菩提流志新譯〔開〕。

（一四）入胎藏會　二卷。　原名佛爲難陀說出家入胎經。唐義淨譯，景龍四年（七一〇）出〔開〕。勘同編入。

（一五）文殊師利授記會　三卷。原名文殊師利授記經。唐實叉難陀譯〔開〕。勘同編入。

（一六）菩薩見實會　一六卷。　原名菩薩見實三昧經。高齊那連提黎耶舍譯。原一四卷〔經〕。天統四年（五六八）出〔房〕。勘同編入。

（一七）富樓那會　三卷。原名富樓那問經。姚秦鳩摩羅什譯〔祐〕。弘始七年（四〇五）出〔房〕。勘同編入。

（一八）護國菩薩會　二卷。　原名護國菩薩經。隋闍那崛多譯〔內〕。勘同編入。

（一九）郁伽長者會　一卷。原名郁伽長者所問經。曹魏康僧鎧譯〔經〕。嘉平四年（二五二）出〔開〕。勘同編入。

（二〇）無盡伏藏會　二卷。　唐菩提流志新譯〔開〕。
（二一）授幻師跋陀羅記會　二卷。　唐菩提流志新譯〔開〕。
（二二）大神變會　二卷。　唐菩提流志新譯〔開〕。
（二三）摩訶迦葉會　二卷。　原名摩訶迦葉經。元魏月婆首那譯〔開〕。
勘同編入。
（二四）優波離會　一卷。　唐菩提流志新譯〔開〕。
（二五）發勝誌樂會　二卷。　唐菩提流志新譯〔開〕。
（二六）善臂菩薩會　二卷。　原名善臂菩薩所問經。失譯〔經〕。後誤
鳩摩羅什譯〔周〕。勘同編入。
（二七）善順菩薩會　一卷。　唐菩提流志新譯〔開〕。
（二八）勤授長者會　一卷。　唐菩提流志新譯〔開〕。
（二九）優陀延王會　一卷。　唐菩提流志新譯〔開〕。
（三〇）妙慧童女會　兼後一卷。　唐菩提流志新譯〔開〕。

（三一）恒河上優婆夷會　與前同卷。　唐菩提流志新譯〔開〕。

（三二）無畏德菩薩會　一卷。　原名無畏德女經。元魏佛陀扇多譯〔經〕。元象二年（五三九）出〔房〕。勘同編入。

（三三）無垢施菩薩應辯會　一卷。原名無垢施菩薩分別應辯經〔祐〕。西晉聶道真譯〔房〕。先失譯〔祐〕。勘同編入。

（三四）功德寶華敷菩薩會　兼後一卷。　唐菩提流志新譯〔開〕。

（三五）善德天子會　與前同卷。　唐菩提流志新譯〔開〕。

（三六）善住意天子會　四卷。　原名大方等善住意天子所問經。　隋達摩笈多譯〔內〕。勘同編入。

（三七）阿闍世王子會　兼後三卷。　唐菩提流志新譯〔開〕。

（三八）大乘方便會　兼前三卷。　原名大乘方便經。東晉竺難提譯〔經〕。元熙二年（四二〇）出〔房〕。勘同編入。

（三九）善護長者會　二卷。　原名移識經。隋闍那崛多譯。開皇十一年

（五九一）出〔房〕。勘同編入。

（四〇）淨信童女會　兼後三會同卷。　唐菩提流志新譯〔開〕。

（四一）彌勒菩薩問八法會　原名彌勒菩薩所問經。元魏〔菩提〕留支譯〔經〕。勘同編入。

（四二）彌勒菩薩所問會　兼前三會同卷。　唐菩提流志新譯〔開〕。

（四三）普明菩薩會　一卷。　原名大寶積經。失譯，附秦錄〔開〕。勘同編入。

（四四）寶梁聚會　二卷。　原名寶梁經。北涼道龔譯〔祐〕。勘同編入。

（四五）無盡慧菩薩會　兼後二卷。　唐菩提流志新譯〔開〕。

（四六）文殊說般若會　兼前二卷。　原名文殊師利說般若波羅密經。梁曼陀羅仙譯〔經〕。勘同編入。

（四七）寶髻菩薩會　二卷。　原名寶髻經。西晉竺法護譯。永熙元年

（二九〇）出〔祐〕。勘同編入。

（四八）勝鬘夫人會　一卷。唐菩提流志新譯〔開〕。

（四九）廣博仙人會　一卷。唐菩提流志新譯〔開〕。

一〇〇二　大方廣三戒經　三卷。失譯〔經〕。後誤曇無讖譯。勘同寶積（一）三律儀會〔開〕。

一〇〇三　如來不思議秘密大乘經　二〇卷。宋惟淨法護共譯。景祐元年至四年（一〇三四—三七）出〔景〕。勘同寶積（三）密蹟金剛力士會〔至〕。

一〇〇四　阿彌陀三耶三佛薩樓檀過度人道經　二卷。吳支謙譯〔祐〕。後題樓下有佛字，檀下無過字〔開〕。今勘同寶積（五）無量壽會。

一〇〇五　無量清淨平等覺經　二卷。西晉竺法護譯〔祐〕。永嘉二年（三〇八）出〔房〕。後誤支婁迦讖譯。勘同無量壽會〔開〕。

一〇〇六　〔新〕無量壽經　二卷。劉宋寶雲譯。永初二年（四二一）出〔祐〕。

後誤康僧鎧譯。勘同無量壽會〔開〕。
一〇〇七　大乘無量壽莊嚴經　三卷。宋法賢譯。淳化二年（九九一）出〔祥〕。
勘同無量壽會〔至〕。
一〇〇八　阿閦佛國經　一卷。後漢支婁迦讖譯〔祐〕。建和元年（一四七）出
〔房〕。勘同寶積（六）不動會〔開〕。
一〇〇九　十法經　一卷。梁僧伽婆羅譯。普通元年（五二〇）出〔房〕。勘同
寶積（九）十法會。後題首加大乘二字〔開〕。
一〇一〇　普門品經　一卷　西晉竺法護譯。太康八年（二八七）出〔祐〕。勘同
寶積（一〇）文殊普門會〔開〕。
一〇一一　大乘菩薩藏正法經　四〇卷。宋惟淨等譯。勘同寶積（一二）菩薩藏會
〔至〕。
一〇一二　胞胎經　一卷。西晉竺法護譯〔祐〕。太安二年（三〇三）出〔房〕。
勘同寶積（一三）處胎會〔開〕。

一〇〇一三　文殊佛土嚴淨經　二卷。西晉竺法護譯〔祐〕。太熙元年（二九〇）出〔房〕。勘同寶積（一五）文殊授記會〔開〕。後題文殊下加師利二字〔仁〕。

一〇〇一四　大聖文殊師利菩薩佛刹功德莊嚴經　三卷。唐不空譯〔貞〕。勘同文殊授記會〔至〕。

一〇〇一五　父子合集經　二〇卷。宋日稱等譯。勘同寶積（一六）見實會〔至〕。

一〇〇一六　護國尊者所問大乘經　四卷。宋施護譯。淳化五年（九九四）出〔祥〕。今勘同寶積（一八）護國會。

一〇〇一七　法鏡經　一卷。後漢安玄嚴佛調共譯〔祐〕。勘同寶積（一九）郁伽長者會〔開〕。

一〇〇一八　郁迦羅越問菩薩行經　一卷。西晉竺法護譯〔祐〕。勘同郁伽長者會〔開〕。

一〇〇一九　幻士仁賢經　一卷。西晉竺法護譯〔祐〕。勘同寶積（二一）授幻師記會〔開〕。
一〇〇二〇　決定毘尼經　一卷。失譯。涼州敦煌出〔祐〕。附東晉録。勘同寶積（二四）優波離會〔開〕。
一〇〇二一　三十五佛名經　一卷。經內題三十五佛禮懺文。出烏波離所問經。唐不空譯〔貞〕。勘同寶積優波離會〔至〕。
一〇〇二二　發覺淨心經　二卷。隋闍那崛多譯。開皇十五年（五九五）出〔房〕。勘同寶積（二五）發勝誌樂會〔開〕。
一〇〇二三　須賴經　一卷。吳支謙譯〔祐〕。後誤曹魏白延譯〔宋〕。今勘同寶積（二七）善順會。
一〇〇二四　須賴經　一卷。前涼支施侖譯。寧康元年（三七三）出。今勘同善順會。
一〇〇二五　菩薩修行經　一卷。失譯〔經〕。後作白法祖譯〔開〕。今勘同寶積（二八）勸授長者會。

一〇〇二六　無畏授所問大乘經　三卷。宋施護法護惟淨共譯。大中祥符九年（一〇一六）出〔景〕。今勘同勤授長者會。

一〇〇二七　優填王經　一卷。失譯〔祐〕。後作法炬譯。勘同寶積（二九）優陀延王會。

一〇〇二八　大乘日子王所問經　一卷。宋法天譯。雍熙元年（九八四）出〔祥〕。勘同優陀延王會〔至〕。

一〇〇二九　須摩提菩薩經　一卷。西晉竺法護譯〔祐〕。勘同寶積（三〇）妙慧童女會〔開〕。

一〇〇三〇　阿闍貰王女阿述達菩薩經　一卷。西晉竺法護譯〔祐〕。建武元年（三〇四）出〔房〕。勘同寶積（三二）無畏德會。後題述作術〔開〕。

一〇〇三一　離垢施女經　一卷。西晉竺法護譯。太康十年（二八九）出〔祐〕。勘同寶積（三三）無垢施會〔開〕。

一〇三二　得無垢女經　一卷。　元魏瞿曇般若流支譯。興和三年（五四一）出
〔經〕。勘同無垢施會〔開〕。

一〇三三　文殊師利所説不思議佛境界經　二卷。　唐菩提流志譯。長壽二年（六
九三）出〔周〕。勘同寶積（三五）善德天子會〔開〕。

一〇三四　如幻三昧經　二卷。　西晉竺法護譯〔祐〕。勘同寶積（三六）善住意
天子會〔開〕。

一〇三五　聖善住意天子所問經　三卷。元魏瞿曇般若流支譯。興和三年（五四一）
出〔房〕。先作留支譯〔經〕。勘同善住意會〔開〕。

一〇三六　太子刷護經　一卷。　失譯〔祐〕。後誤竺法護譯。勘同寶積（三七）
阿闍世王子會〔開〕。

一〇三七　太子和休經　一卷。　失譯〔祐〕。附西晉録。勘同阿闍世王子會
〔開〕。

一〇三八　慧上菩薩問大善權經　二卷。西晉竺法護譯。太康六年（二八五）出

〔祐〕。勘同寶積（三八）大乘方便會〔開〕。

一〇〇三九　大方廣善巧方便經　四卷。宋施護譯。景德二年（一〇〇五）出〔祥〕。今勘同大乘方便會。

一〇〇四〇　大乘顯識經　二卷。唐地婆訶羅譯。永隆元年（六八〇）出〔周〕。勘同寶積（三九）賢護長者會〔開〕。

一〇〇四一　大乘方等要慧經　一卷。失譯〔祐〕。後誤安世高譯。勘同寶積（四一）彌勒問八法會〔開〕。

一〇〇四二　彌勒菩薩所問本願經　一卷。西晉竺法護譯〔祐〕。太安二年（三〇三）出。勘同寶積（四二）彌勒所問會〔開〕。

一〇〇四三　摩尼寶經　一卷。後漢支婁迦讖譯。光和二年（一七九）出〔祐〕。勘同寶積（四三）普明會〔開〕。或題首加佛遺日三字〔仁〕。

一〇〇四四　摩訶乘寶嚴經　一卷。失譯〔祐〕。附晉録〔房〕。後題乘作衍〔泰〕。勘同普明會〔開〕。

一〇四五　大迦葉問大寶積正法經　五卷。　宋施護譯。　雍熙三年（九八六）出〔祥〕。今勘同普明會。

一〇四六　勝鬘師子吼一乘大方便方廣經　一卷。　劉宋求那跋陀羅譯〔祐〕。　元嘉十三年（四三六）出。　勘同寶積（四八）勝鬘夫人會〔開〕。

一〇四七　毗耶娑問經　二卷。　元魏瞿曇般若流支譯。興和四年（五四二）出〔開〕。先作勒那摩提譯〔房〕。　勘同寶積（四九）廣博仙人會〔開〕。

〇〇四八　方等大集經　三〇卷。　北凉曇無讖譯〔祐〕。

一〇四九　大哀經　七卷。　西晉竺法護譯。　元康元年（二九一）出〔祐〕。　勘同大集陀羅尼自在王品〔經〕。

一〇五〇　寶女問慧經　四卷。　西晉竺法護譯。　太康八年（二八七）出〔祐〕。　勘同大集寶女品〔經〕。　後題所問經〔開〕。

一〇五一　海意菩薩所問淨印法門經　十八卷。　宋法護惟淨共譯。　天聖二年至五年（一〇二四―二七）出〔景〕。　勘同大集海慧品〔至〕。

一〇〇五二　無言童子經　一卷。西晉竺法護譯〔祐〕。勘同大集無言品〔經〕。

一〇〇五三　大虛空藏菩薩所問經　八卷。唐不空譯〔貞〕。勘同大集虛空藏品〔續貞〕。

一〇〇五四　寶星陀羅尼經　一〇卷。唐波頗蜜多羅譯〔泰〕。貞觀三年至四年（六二九—六三〇）出。勘同大集寶幢分〔開〕。

一〇〇五五　大方等日藏經　一五卷。隋那連提黎耶舍譯。開皇四年至五年（五八四—五八五）出。勘出大集經〔房〕。

一〇〇五六　月藏經　一〇卷。高齊那連提黎耶舍共法智譯〔經〕。天統二年（五六六）出〔房〕。勘是大集月藏分〔經〕。或題首加大方等三字〔仁〕。

一〇〇五七　方廣十輪經　七卷。失譯〔經〕。附北涼錄。勘是大集十三分〔開〕。或題首加大字〔仁〕。

一〇〇五八　大乘大集地藏十輪經　一〇卷。唐玄奘譯〔泰〕。永徽二年（六五一）出〔開〕。勘同方廣十輪經〔泰〕。

〇〇五九　須彌藏經　二卷。　高齊那連提黎耶舍共法智譯〔經〕。天保九年（五五八）出〔房〕。勘是大集別分〔經〕。
〇〇六〇　虛空藏經　一卷。姚秦佛陀耶舍譯〔祐〕。勘是大集別分〔開〕。
一〇〇六一　虛空藏菩薩神咒經　一卷。　劉宋曇摩多譯〔房〕。勘同虛空藏經〔開〕。
一〇〇六二　虛空孕菩薩經　二卷。隋闍那崛多譯。開皇七年（五八七）出〔房〕。勘同虛空藏經〔開〕。
〇〇六三、觀虛空藏菩薩經　一卷。　劉宋曇摩密多譯〔祐〕。
〇〇六四　菩薩念佛三昧經　六卷。　劉宋功德直譯。大明六年（四〇二）出〔祐〕。勘是大集別分〔開〕。
一〇〇六五　大方等大集菩薩念佛三昧經　一〇卷。　隋達摩笈多譯。勘同宋譯念佛三昧經〔泰〕。
〇〇六六　般舟三昧經　二卷。西晉竺法護譯〔祐〕。後誤支婁迦讖譯〔開〕。

—〇〇六七 颰披陀菩薩經 一卷。失譯〔祐〕。附後漢錄〔開〕。勘同般舟三昧經初四品〔仁〕。或題拔陂菩薩經〔泰〕。

—〇〇六八 賢護菩薩經 六卷。隋闍那崛多譯。開皇十四年至十五年（五九四—五）出〔房〕。後題大方等大集賢護經〔開〕。今勘同般舟三昧經。

〇〇六九 阿差末經 四卷。西晉竺法護譯〔祐〕。永嘉元年（三〇七）出。勘是大集別分〔房〕。

—〇〇七〇 無盡意菩薩經。六卷。劉宋智嚴寶雲共譯〔房〕。或作竺法護譯〔經〕。勘同阿差末經〔開〕。

〇〇七一 譬喻王經 二卷。隋闍那崛多譯。開皇十五年（五九五）出〔房〕。後題首加大集二字。勘是大集別分〔開〕。

〇〇七二 地藏菩薩問法身贊 一卷。唐不空譯〔貞〕。

〇〇七三 楞伽阿跋多羅寶經 四卷。劉宋求那跋陀羅譯〔祐〕。元嘉二十年（四四三）出〔房〕。

一〇〇七四　入楞伽經　一〇卷。　元魏菩提留支譯〔經〕。延昌二年（五一三）出〔房〕。勘同楞伽阿跋多羅經〔經〕。

一〇〇七五　大乘入楞伽經　七卷。唐實叉難陀譯。久視元年至長安四年（七〇〇—七〇四）出。勘同入楞伽經〔開〕。

〇〇七六　深密解脱經　五卷。　元魏菩提留支譯。延昌三年（五一四）出〔房〕。

一〇〇七七　解深密經　五卷。唐玄奘譯〔泰〕。貞觀二十一年（六四七）出〔開〕。勘同深密解脱經〔泰〕。

一〇〇七八　相續解脱經　二卷。　劉宋求那跋陀羅譯〔祐〕。勘是深密解脱經少分〔經〕。後分爲地波羅密及如來所作隨順處兩部〔宋〕。

一〇〇七九　解節經　一卷。　陳真諦譯。勘是深密解脱經少分〔經〕。

〇〇八〇　大方等如來藏經　一卷。東晉佛陀跋陀羅譯〔祐〕。元熙二年（四二〇）出〔房〕。

一〇八一　大方廣如來藏經　一卷。　唐不空譯〔貞〕。今勘同大方等如來藏經。
〇〇八二　無上依經　二卷。　陳真諦譯〔經〕。永定二年（五五八）出〔房〕。
〇〇八三　不增不減經　一卷。元魏菩提留支譯〔房〕。
〇〇八四　央掘魔羅經　四卷。劉宋求那跋陀羅〔祐〕。
〇〇八五　大乘密嚴經　三卷。唐地婆訶羅譯〔周〕。
一〇〇八六　大乘密嚴經　三卷。唐不空譯〔貞〕。勘同地婆訶羅譯密嚴經〔至〕。
〇〇八七　佛地經　一卷。　唐玄奘譯〔泰〕。貞觀十九年（六四五）出〔開〕。
〇〇八八　大方等修多羅王經　一卷。　元魏菩提留支譯〔房〕。
一〇〇八九　轉有經　一卷。元魏佛陀扇多譯。元象二年（五三九）出〔房〕。先失譯。勘同大方等修多羅王經〔經〕。
一〇〇九〇　大乘流轉諸有經　一卷。　唐義淨譯。大足元年（七〇一）出〔開〕。今勘同大方等修多羅王經。
〇〇九一　大乘同性經　二卷。　北周闍那耶舍等譯。天和五年（五七〇）出〔房〕。

先作闍那崛多譯〔經〕。

一〇〇九二　證契大乘經　二卷。唐地婆訶羅譯。永隆元年（六八〇）出。勘同大乘同性經〔周〕。

〇〇九三　本生心地觀經　八卷。唐般若譯〔貞〕。原作貞元六年（七九〇）出。今勘系元和六年（八一一）出。

〇〇九四　緣生經　二卷。隋達磨笈多譯〔泰〕。大業十二年（六一六）出。後題生字下有初勝分法本五字〔開〕。

一〇〇九五　分別緣起經　二卷。唐玄奘譯〔泰〕。永徽元年（六五〇）出〔開〕。勘同緣生經〔泰〕。

〇〇九六　了本生死經　一卷。吳支謙譯〔祐〕。

一〇〇九七　稻芉經　一卷。失譯〔經〕。附東晉録〔開〕。勘同了本生死經〔經〕。

一〇〇九八　慈氏菩薩所説大乘緣生稻芉喻經　一卷。唐不空譯〔貞〕。勘同稻芉經〔至〕。

|〇〇九九　大乘舍黎娑擔摩經　一卷。宋施護譯。淳化二年（九九一）出〔祥〕。
勘同稻芉經〔至〕。
|〇一〇〇　大乘稻芉經　一卷。敦煌本〔日〕。今勘同稻芉經。
〇一〇一　稱贊大乘功德經　一卷。唐玄奘譯〔內〕。永徽五年（六五四）出〔開〕。
|〇一〇二　說妙法決定業障經　一卷。唐智嚴譯。開元九年（七二一）出。勘同
稱贊大乘功德經〔開〕。
〇一〇三　大方廣如來秘密藏經　一卷。失譯〔經〕。附秦錄〔開〕。
〇一〇四　諸法勇王經　一卷。劉宋曇摩密多譯〔房〕。或失譯〔經〕。
|〇一〇五　一切法高王經　一卷。元魏瞿曇般若流支譯。興和四年（五四二）出
〔開〕。先作留支譯。勘同諸法勇王經〔經〕。
|〇一〇六　諸法最上王經　一卷。隋闍那崛多譯。開皇十五年（五九五）出〔房〕。
今勘同諸法勇王經。
〇一〇七　出生菩提經　一卷。隋闍那崛多譯。開皇十五年（五九五）出〔房〕。

後題下有心字。

｜〇一〇八　發菩提心破諸魔經　二卷。　宋施護譯。　景德二年（一〇〇五）出〔祥〕。今勘同出生菩提經。

〇一〇九　大乘四法經　一卷。　唐地婆訶羅譯。永隆元年（六八〇）出〔周〕。

｜〇一一〇　菩薩修行四法經　一卷。　唐地婆訶羅譯。永隆二年（六八一）出。與前大乘四法經同本〔開〕。

〇一一一　大乘四法經　一卷。　唐實叉難陀譯。與地婆訶羅譯者名字雖同，經體全異〔開〕。

〇一一二　四品學法經　一卷。　失譯〔祐〕。後作求那跋陀羅譯〔開〕。

〇一一三　演道俗業經　一卷。　乞伏秦法堅譯〔經〕。先失譯〔祐〕。

〇一一四　華首經　一〇卷。　姚秦鳩摩羅什譯〔祐〕。弘始八年（四〇六）出〔房〕。後題華手經〔開〕。

〇一一五　菩薩瓔珞經　一二卷。　苻秦竺佛念譯〔祐〕。建元十二年（三七六）

出〔房〕。
〇一一六　寶雲經　七卷。梁曼陀羅仙僧伽婆羅共譯〔房〕。或失譯〔經〕。
—〇一一七　寶雨經　一〇卷。唐菩提流志譯〔開〕。或作梵摩譯。長壽二年（六九三）出。勘同寶雲經〔周〕。
—〇一一八　除蓋障菩薩所問經　二〇卷。宋法護惟淨共譯。天禧三年至天聖元年（一〇一九—一〇二三）出〔景〕。勘是寶雲經廣本〔至〕。
〇一一九　諸法要集經　二卷。西晉竺法護譯〔祐〕。
〇一二〇　法集經　六卷。元魏菩提留支譯〔經〕。延昌四年（五一五）出〔房〕。
〇一二一　僧伽吒經　四卷。元魏月婆首那譯〔經〕。元象元年（五三八）出〔房〕。
—〇一二二　大集會正法經　五卷。宋施護譯。咸平四年（一〇〇一）出〔祥〕。今勘同僧伽吒經。
—〇一二三　大乘僧伽吒法義經　三卷。宋金總持等譯。勘同僧伽吒經〔至〕。原七卷，今殘。

〇一二四　文殊師利現寶藏經　二卷。　西晉竺法護譯。泰始六年（二七〇）出〔祐〕。

一〇一二五　大方廣寶篋經　二卷。　劉宋求那跋陀羅譯〔房〕。先失譯。勘同文殊現寶藏經〔經〕。

〇一二六　諸法無行經　一卷。　姚秦鳩摩羅什譯。弘始三年（四〇一）出〔祐〕。

一〇一二七　諸法本無經　三卷。　隋闍那崛多等譯。開皇十五年（五九五）出〔房〕。勘同諸法無行經〔泰〕。

一〇一二八　大乘隨轉宣說諸法經　三卷。　宋紹德等譯。今勘同諸法無行經。

〇一二九　法常住經　一卷。　失譯〔祐〕。附西晉錄〔開〕。

〇一三〇　入無分別法門經　一卷。　宋施護譯。景德四年（一〇〇七）出〔祥〕。

〇一三一　無字寶篋經　一卷。　元魏菩提留支譯〔房〕。

一〇一三二　大乘離文字普光明藏經　一卷。　唐地婆訶羅譯。永淳二年（六八三）

出。勘同無字寶篋經〔周〕。

—○一三三　大乘偏照光明藏無字法門經　一卷。　唐地婆訶羅譯。勘是離文字經再譯〔開〕。

○一三四　大乘不思議神通境界經　三卷。　宋施護譯。咸平六年至景德元年（一○○三—四）出〔祥〕。

○一三五　大淨法門經　一卷。　西晉竺法護譯。建興（原誤作始）元年（三一三）出〔祐〕。

—○一三六　大莊嚴法門經　二卷。　隋那連提黎耶舍譯。開皇三年（五八三）出〔房〕。今勘同大淨法門經。

○一三七　四不可得經　一卷。　西晉竺法護譯〔祐〕。

○一三八　如來師子吼經　一卷。　元魏菩提留支佛陀扇多共譯〔經〕。正光六年（五二五）出〔房〕。

—○一三九　大方廣師子吼經　一卷。　唐地婆訶羅譯。永隆元年（六八○）出〔周〕。

勘同如來師子吼經〔開〕。

〇一四〇　佛語經　一卷。　元魏菩提留支譯〔房〕。

〇一四一　阿惟越致遮經　四卷。　西晉竺法護譯。太康五年（二八四）出〔祐〕。

—〇一四二　不退轉法輪經　四卷。　失譯。附北凉録〔祐〕。勘同阿惟越致經〔經〕。

—〇一四三　廣博嚴淨不退輪轉經　四卷。　劉宋智嚴寶雲共譯。元嘉四年（四二七）出〔祐〕。勘同阿惟越致遮經〔經〕。

〇一四四　不必定入定入印經　一卷。元魏瞿曇般若流支譯。興和四年（五四二）出〔開〕。先作留支譯〔經〕。

—〇一四五　入定不定印經　一卷。　唐義淨譯。久視元年（七〇〇）出。勘同不必定入定入印經〔開〕。

〇一四六　菩薩行五十緣身經　一卷。　西晉竺法護譯〔祐〕。

〇一四七　内藏百寶經　一卷。　後漢支婁迦讖譯〔祐〕。

〇一四八　大乘百福相經　一卷。　唐地婆訶羅譯。永淳二年（六八三）出〔周〕。

一○一四九　大乘百福莊嚴相經　一卷。　唐地婆訶羅譯。勘是百福相經重出〔開〕。

○一五○　法身經　一卷。宋法賢譯。咸平元年（九九八）出〔祥〕。

○一五一　十號經　一卷。　宋天息災譯。雍熙三年（九八六）出〔祥〕。

○一五二　文殊問菩薩署經　一卷。　後漢支婁迦讖譯〔祐〕。或題首作文殊師利〔泰〕。

○一五三　文殊師問菩提經　一卷。　姚秦鳩摩羅什譯〔祐〕。

一○一五四　伽耶山頂經　一卷。　元魏菩提留支譯。勘同文殊問菩提經〔經〕。

一○一五五　象頭精舍經　一卷。　隋毘尼多流支譯。開皇二年（五八二）出。勘同文殊問菩提經〔房〕。

一○一五六　大乘伽耶山頂經　一卷。　唐菩提流志譯。長壽二年（六九三）出。勘同文殊問菩提經〔周〕。

○一五七　大乘善見變化文殊師利問法經　一卷。宋天息災譯。雍熙元年（九八四）出〔祥〕。

〇一五八　妙吉祥菩薩所問大乘法螺經　一卷。　宋法賢譯。淳化五年（九九四）
出〔祥〕。

〇一五九　文殊師利巡行經　一卷。元魏菩提留支譯〔房〕。

|〇一六〇　文殊尸利行經　一卷。　隋闍那崛多譯。開皇六年（五八六）出〔房〕。
勘同文殊巡行經〔仁〕。

〇一六一　寶積三昧文殊師利菩薩問法身經　一卷。失譯〔祐〕。後誤安世高譯〔開〕。

|〇一六二　入法界經　一卷。　隋闍那崛多譯。開皇十五年（五九五）出〔房〕。勘同
文殊問法身經〔開〕。或題界下有體性二字〔泰〕。

〇一六三　文殊師利般涅槃經　一卷。　失譯〔祐〕。後誤聶道真譯〔開〕。

〇一六四　維摩詰經　二卷。　吳支謙譯〔祐〕。

|〇一六五　維摩詰所說經　三卷。　姚秦鳩摩羅什譯。弘始八年（四〇六）出。
勘同維摩詰經〔祐〕。原題新維摩詰經，今依經錄改正。

|〇一六六　說無垢稱經　六卷。　唐玄奘譯〔泰〕。永徽元年（六五〇）出〔開〕。

勘同維摩詰經〔泰〕。

○一六七　無所有菩薩經　四卷。　隋闍那崛多等譯〔泰〕。

○一六八　持人菩薩經　三卷。　西晉竺法護譯〔祐〕。

|○一六九　持世經　四卷。　姚秦鳩摩羅什譯〔祐〕。勘同持人菩薩經〔經〕。

○一七○　順權方便經　二卷。西晉竺法護譯〔祐〕。

|○一七一　樂瓔珞莊嚴方便經　一卷。　姚秦曇摩耶舍譯〔開〕。先作法海譯。勘同順權方便經〔經〕。

○一七二　離垢慧菩薩所問禮佛法經　一卷。　唐那提譯。龍朔三年（六六三）出〔周〕。

○一七三　不思議光菩薩所問經　一卷。　姚秦鳩摩羅什譯〔房〕。

○一七四　自在王經　二卷。　姚秦鳩摩羅什譯。弘始九年（四○七）出〔祐〕。後題自在王菩薩經〔開〕。

|○一七五　奮迅王問經　二卷。　元魏瞿曇般若流支譯。興和四年（五四二）出

〔開〕。先作留支譯。勘同自在王經〔經〕。
○一七六　巨力長者所問大乘經　三卷。宋智吉祥等譯〔至〕。
○一七七　大華嚴長者問佛那羅延力經　一卷。唐般若譯〔貞〕。
○一七八　樹提伽經　一卷。失譯〔祐〕。後作求那跋陀羅譯〔開〕。
○一七九　辯意長者子所問經　一卷。失譯。原題長者辯意經〔祐〕。後誤元魏法場譯〔房〕或題略所問二字〔開〕。
○一八○　長者子懊惱三處經　一卷。失譯〔祐〕。後誤安世高譯〔開〕。
○一八一　長者子製經　一卷。失譯〔祐〕。後誤安世高譯〔開〕。
一○一八二　菩薩逝經　一卷。失譯〔祐〕。後作白法祖譯〔開〕。勘同長者子製經〔經〕。今附西晉錄。
一○一八三　逝童子經　一卷。西晉支法度譯〔經〕。先失譯〔祐〕。勘同長者子製經〔經〕。
○一八四　私呵昧經　一卷。吳支謙譯〔祐〕。

〇一八五　差摩竭經　一卷。吳支謙譯〔祐〕。後題菩薩生地經〔仁〕。
〇一八六　月明童子經　一卷。吳支謙譯〔祐〕。後題月明菩薩經〔仁〕。
〇一八七　月光童子經　一卷。西晉竺法護譯〔祐〕。
一〇一八八　申日經　一卷。失譯。題作失利越經〔祐〕。附西晉錄〔開〕。後誤竺法護譯〔宋〕。勘同月光童子經〔經〕。
一〇一八九　申日兒本經　一卷。失譯〔祐〕。後作求那跋陀羅譯〔開〕。勘同月光童子經〔經〕。原題兒作兜，今依開錄改。
一〇一九〇　德護長者經　二卷。隋那連提黎耶舍譯。開皇三年（五八三）出。勘同月光童子經〔房〕。
〇一九一　大方等頂王經　一卷。西晉竺法護譯〔祐〕。
一〇一九二　大乘頂王經　一卷。梁月婆首那譯〔房〕。先失譯。勘同大方等頂王經〔經〕。
一〇一九三　善思童子經　二卷。隋闍那崛多譯。開皇十一年（五九一）出〔房〕。

勘同大方等頂王經〔仁〕。

○一九四　梵女首意經　一卷。西晉竺法護譯〔祐〕。或題梵下有志字〔宋〕。

一○一九五　有德女所問大乘經　一卷。唐菩提流志譯。長壽二年（六九三）出〔周〕。今勘同梵女首意經。

○一九六　元垢賢女經　一卷。失譯〔祐〕。後作竺法護譯〔開〕。今附西晉錄。

一○一九七　腹中女聽經　一卷。失譯〔祐〕。後誤曇無讖譯〔開〕。勘同無垢賢女經〔經〕。

一○一九八　轉女身經　一卷。劉宋曇摩蜜多譯〔房〕。先失譯。勘同無垢賢女經〔經〕。

○一九九　月上女經　三卷。隋闍那崛多譯。開皇十一年（五九一）出〔房〕。

○二○○　賢首經　一卷。乞伏秦聖堅譯〔房〕。先失譯〔祐〕。

○二○一　牢固女經　一卷。隋那連提黎耶舍譯。開皇二年（五八二）出〔房〕。

後題牢作堅〔開〕。

○二○二 龍施女經 一卷。吳支謙譯〔祐〕。

一○二○三 龍施本起經 一卷。西晉竺法護譯〔祐〕。勘同龍施女經。題施下有菩薩二字〔經〕。

○二○四 七女經 一卷。吳支謙譯〔祐〕。

○二○五 長者法志妻經 一卷。失譯。附涼錄〔祐〕。

○二○六 優婆夷淨行經 二卷。失譯。附涼錄〔祐〕。題初三字依經錄加。後題末有法門二字〔開〕。

○二○七 心明經 一卷。西晉竺法護譯〔祐〕。

○二○八 持心梵天所問經 六卷。西晉竺法護譯。太唐七年（二八六）出〔祐〕。

一○二○九 思益梵天問經 四卷。姚秦鳩摩羅什譯〔祐〕。弘始四年（四○二）出。題問上有所字〔房〕。勘同持心梵天所問經〔經〕。

一○二一○ 勝思惟梵天所問經 六卷。元魏菩提留支譯。神龜元年（五一八）出

〔房〕。先失譯。勘同持心梵天所問經〔經〕。

○二一一一　商主天子問經　一卷。隋闍那崛多等譯。開皇十五年（五九五）出
〔房〕。後題問上有所字〔開〕。

○二一一二　天請問經　一卷。唐玄奘譯〔泰〕。貞觀二十二年(六四八)出〔開〕。

○二一一三　須真天子經　二卷。西晉竺法護譯。泰始二年（二〇六）出〔祐〕。

○二一一四　魔逆經　一卷。西晉竺法護譯。太康十年（二八九）出〔祐〕。

○二一一五　屯真陀羅所問寶如來經　二卷。漢支婁迦讖譯〔經〕。先失譯。題末
如來下有三昧二字〔祐〕。

—○二一一六　大樹緊那羅王所問經　四卷。姚秦鳩摩羅什譯。勘同屯真陀羅所問經
〔經〕。

○二一一七　第一義法勝經　一卷。元魏般若流支譯。興和四年(五四二)出〔開〕。
先作留支譯〔經〕。

—○二一一八　大威燈光仙人問疑經　一卷。隋闍那崛多譯。開皇六年（五八六）出

〔房〕。勘同第一義法勝經〔仁〕。

〇二一九 海龍王經 四卷。 西晉竺法護譯。太康六年（二八五）出〔祐〕。

〇二二〇 外道問聖大乘法無我義經 一卷。 宋法天譯。雍熙三年（九八六）出〔祥〕。

〇二二一 大薩遮尼乾子經 八卷。 元魏菩提留支譯〔經〕。正光元年（五二〇）出〔房〕。後題末有所說二字〔開〕。

—〇二二二 菩薩行方便境界神通變化經 三卷。 劉宋求那跋陀羅譯〔房〕。先失譯。勘同大薩遮尼乾子經〔經〕。

〇二二三 大乘寶月童子問法經 一卷。 宋施護譯。雍熙四年（九八七）出〔祥〕。

〇二二四 寶授菩薩提行經 一卷。 宋法賢譯。至道二年（九九六）出〔祥〕。

〇二二五 金耀童子經 一卷。 宋天息災譯。雍熙元年（九八四）出〔祥〕。

〇二二六 三品弟子經 一卷。 失譯〔經〕。後誤支謙譯〔開〕。

〇二二七 四輩經 一卷。 失譯〔祐〕。後誤竺法護譯〔開〕。

〇二二八　希有校量功德經　一卷。　隋闍那崛多譯。開皇六年（五八六）出〔房〕。

一〇二二九　最無比經　一卷。　唐玄奘譯〔内〕。貞觀二十三年（六四九）出。勘同希有校量功德經〔開〕。

〇二三〇　未曾有經　一卷。　失譯〔祐〕。附後漢録〔房〕。

一〇二三一　甚希有經　一卷。　唐玄奘譯〔泰〕。貞觀二十三年（六四九）出。勘同未曾有經〔開〕。

〇二三二　樓閣正法甘露鼓經　一卷。　宋天息災譯。雍熙元年（九八四）出〔祥〕。

〇二三三　作佛形像經　一卷。　失譯〔祐〕。附後漢録〔開〕。

一〇二三四　造立形像福報經　一卷。　失譯〔經〕。附東晉録。勘同作佛形像經〔開〕。

〇二三五　大乘造像功德經　二卷。　唐提雲般若譯。天授二年（六九一）出〔周〕。

〇二三六　造像量度經　一卷。　清工布查布譯〔清〕。

〇二三七　灌經　一卷。　失譯〔祐〕。後誤法炬譯。題灌洗佛形像經〔開〕。

一○二三八　摩訶刹頭經　一卷。　失譯〔祐〕。後誤聖堅譯〔開〕。勘同灌經，後事小異〔祐〕。

○二三九　浴像功德經　一卷。　唐寶思惟譯。神龍元年（七○五）出〔開〕。

一○二四○　浴像功德經　一卷。　唐義淨譯。景龍四年（七一○）出。勘同寶思惟譯浴像功德經〔開〕。

○二四一　造塔功德經　一卷。唐地婆訶羅譯。永隆元年（六八○）出〔周〕。

○二四二　右遶佛塔功德經　一卷。　唐實叉難陀譯〔開〕。

○二四三　八大靈塔名號經　一卷。　宋法賢譯。至道三年（九九七）出〔祥〕。

○二四四　施燈功德經　一卷。　高齊那連提黎耶舍譯〔經〕。天保九年（五五八）出〔房〕。

○二四五　諸德福田經　一卷。　西晉法立法炬共譯〔祐〕。

○二四六　薩羅王經　一卷。　失譯〔祐〕。附東晉錄〔開〕。

○二四七　阿闍世王受決經　一卷。　失譯〔祐〕。後作法炬譯〔開〕。

一〇二四八　采華違王上佛授記妙華經　一卷。　失譯〔祐〕。後作竺曇無蘭譯〔開〕。
勘同阿闍世王受決經〔經〕。後題授記作授決號〔開〕。

〇二四九　差摩婆帝授記經　一卷。　元魏菩提留支譯〔房〕。

般若部　七七部　八七七卷

〇二五〇　大般若波羅密多經　六〇〇卷。　唐玄奘譯〔泰〕。顯慶五年至龍朔三
年（六六〇—三）出〔開〕。

一〇二五一　光讚般若經　一〇卷。　西晉竺法護譯。太康七年（二八六）出〔祐〕。
勘同大般若第二會〔開〕。

一〇二五二　放光般若經　二〇卷。西晉無羅叉等譯〔房〕。元康元年（二九一）
出〔祐〕。勘同大般若第二會〔開〕。

一〇二五三　摩訶般若波羅密經　二四卷。　姚秦鳩摩羅什譯。弘始五年至六年（四

○三—四）出〔祐〕。勘同大般若第二會〔開〕。原題新大品經，今依經錄改正。

一○二五四　般若道行品經　一○卷。後漢支婁迦讖譯。光和二年（一七九）出〔祐〕。勘同大般若第四會〔開〕。後題道行般若經〔宋〕。

一○二五五　大明度無極經　四卷。吳支謙譯〔祐〕。勘同大般若第四會〔開〕。原題明度經〔祐〕。

一○二五六　摩訶鉢羅若波羅密經鈔　五卷。苻秦曇摩蜱共竺佛念譯。建元十八年（三八二）出〔祐〕。勘同大般若第四會〔開〕。後題摩訶般若鈔經〔宋〕。

一○二五七　小品般若波羅密經　七卷。姚秦鳩摩羅什譯。弘始十年（四○八）出〔祐〕。勘同大般若第四會〔開〕。原題新小品經，今依房錄改正。後題摩訶般若波羅密經〔宋〕。

一○二五八　佛母出生法藏般若波羅密多經　二五卷。宋施護譯。咸平六年至景德元年（一〇〇三—四）出〔祥〕。勘同大般若第四會〔至〕。

一〇二五九　勝天王般若波羅密經。　七卷。　陳月婆首那譯。天嘉六年（五六五）出〔房〕。　勘同大般若第六會〔開〕。

一〇二六〇　文殊師利説般若波羅密經　一卷。　梁曼陀羅仙譯〔經〕。勘同大般若第七會。題説作所説摩訶〔開〕。

一〇二六一　文殊師利所説般若波羅密經　一卷。　梁僧伽婆羅譯〔房〕。天監五年（五〇六）出。勘同大般若第七會〔開〕。

一〇二六二　輭首菩薩無上清淨分衛經　二卷。　劉宋翔公譯〔經〕。先失譯〔祐〕。勘同大般若第八會〔開〕。

一〇二六三　金剛般若波羅密經　一卷。　姚秦鳩摩羅什譯〔祐〕。勘同大般若第九會〔開〕。下五種并同。

一〇二六四　金剛般若波羅密經　一卷。　元魏菩提留支譯〔經〕。永平二年（五〇九）出〔房〕。

一〇二六五　金剛般若波羅密經。　一卷。　陳真諦譯〔房〕。

一〇二六六　金剛能斷般若波羅密經　一卷。　隋達摩笈多譯〔開〕。

一〇二六七　能斷金剛般若波羅密經　一卷。　唐玄奘譯〔泰〕。貞觀二十二年（六四八）出〔開〕。後題有多字〔宋〕。

一〇二六八　能斷金剛般若波羅密多經　一卷。　唐義淨譯。長安三年（七〇三）出〔開〕。

一〇二六九　實相般若波羅密經　一卷。　唐菩提流志譯。長壽二年（六九三）出〔周〕。勘同大般若第十會〔開〕。

〇二七〇　佛母寶德藏般若波羅密多經　三卷。　宋法賢譯。淳化二年（九九一）出〔祥〕。

〇二七一　了義般若波羅密多經　一卷。　宋施護譯。咸平四年（一〇〇一）出〔祥〕。

〇二七二　五十頌聖般若波羅密多經　一卷。　宋施護譯。淳化二年（九九一）出

〔祥〕。

〇二七三　帝釋般若波羅密多心經　一卷。　宋施護譯。淳化二年（九九一）出〔祥〕。

〇二七四　摩訶般若波羅密神咒　一卷。　失譯〔祐〕。後誤鳩摩羅什譯。題摩訶般若波羅密大明咒經〔開〕。

一〇二七五　般若波羅密多心經　一卷。　唐玄奘譯〔泰〕。貞觀二十三年（六四九）出。勘同般若神咒〔開〕。原題略稱般若多心經，今依開録改正。

一〇二七六　普徧智藏般若波羅密多心經　一卷。　唐達摩戰濕多譯〔貞〕。開元二十六年（七三八）出。勘同般若神咒〔續貞〕。

一〇二七七　般若波羅密多心經　一卷。　唐般若譯。勘同般若神咒〔貞〕。

一〇二七八　般若波羅密多心經　一卷。　唐智慧輪譯〔日〕。今勘同般若神咒。下二種同。

一〇二七九　般若波羅密多心經　一卷。　唐法成譯。敦煌本〔日〕。

一〇二八〇　唐梵翻對字音般若波羅密多心經　一卷。　失譯。敦煌本〔日〕。

一〇二八一　聖佛母般若波羅密多經　一卷。　宋施護譯。景德二年（一〇〇五）出〔祥〕。勘同般若神咒〔至〕。

〇二八二　開覺自性般若波羅密多經　四卷。宋惟淨法護同譯。明道元年至二年（一〇三二—三）出〔景〕。

〇二八三　大乘理趣六波羅密多經　一〇卷。　唐般若譯〔貞〕。

〇二八四　佛印三昧經　一卷。　失譯〔祐〕。後誤安世高譯〔開〕。

〇二八五　首楞嚴三昧經　二卷。姚秦鳩摩羅什譯〔祐〕。原題新首楞嚴經，今依經錄改正。

〇二八六　等集衆德三昧經　三卷。　西晉竺法護譯〔祐〕。

一〇二八七　集一切福德三昧經　三卷。　失譯。勘同等集衆德三昧經〔經〕。後誤鳩摩羅什譯〔周〕。今附秦錄。

〇二八八　阿闍世王經　二卷。　後漢支婁迦讖譯〔祐〕。

一〇二八九　文殊普超三昧經　四卷。　西晉竺法護譯。太康七年(二八六)出〔祐〕。
原題普超經。或題殊下有師利二字〔開〕。勘同阿闍世王經〔經〕。

一〇二九〇　放鉢經　一卷。　失譯〔祐〕。附西晉錄〔開〕。勘是普超三昧經奉鉢
品別譯〔經〕。

一〇二九一　未曾有正法經　六卷。　宋法天譯。咸平三年（一〇〇〇）出〔祥〕。
今勘同阿闍世王經。

〇二九二　成具光明定意經　一卷。　後漢支曜譯〔祐〕。

〇二九三　法律三昧經　一卷。　失譯〔祐〕。後誤支謙譯〔開〕。今附西晉錄。

〇二九四　慧印三昧經　一卷。　吳支謙譯〔祐〕。

一〇二九五　如來智印經　一卷。　失譯〔祐〕。附劉宋錄〔開〕。勘同慧印三昧經
〔經〕。

一〇二九六　大乘智印經　五卷。　宋金總持等譯。勘同慧印三昧經〔至〕。或作與
智吉祥天吉祥同譯〔宋〕。

○二九七　弘道廣顯三昧經　四卷。　西晉竺法護譯〔祐〕。永嘉二年（三〇八）出〔房〕。原題阿耨達經，作二卷，今依經錄改正。

○二九八　無極寶三昧經　一卷。　西晉竺法護譯〔祐〕。永嘉元年（三〇七）出〔房〕。

—○二九九　寶如來三昧經　二卷。　失譯〔經〕。後作祇多蜜譯〔開〕。勘同無極寶三昧經〔經〕。

○三〇〇　超日月三昧經　二卷。　西晉聶承遠譯〔祐〕。

○三〇一　月燈三昧經　一卷。　劉宋先公譯〔經〕。先失譯〔祐〕。

○三〇二　月燈三昧經　一一卷。　高齊那連提黎耶舍共法智譯〔經〕。天保八年（五五七）出〔房〕。勘同宋譯月燈三昧經〔周〕。

○三〇三　金剛三昧本性清淨不壞不滅經　一卷。　失譯〔祐〕。附三秦錄〔開〕。

○三〇四　力莊嚴三昧經　三卷。　隋那連提黎耶舍譯。開皇五年（五八五）出〔房〕。

〇三〇五　寂照神變三摩地經　一卷。唐玄奘譯。龍朔三年（六六三）出〔開〕。
〇三〇六　觀佛三昧經　八卷。東晉佛陀跋陀羅譯〔祐〕。後題末有海字〔開〕。
〇三〇七　觀察諸法行經　四卷。隋闍那崛多譯。開皇十五年（五九五）出〔房〕。
〇三〇八　無所希望經　一卷。西晉竺法護譯〔祐〕。後題略所字〔宋〕。
一〇三〇九　象腋經　一卷。劉宋曇摩蜜多譯〔房〕。先失譯。勘同無所希望經〔經〕。
〇三一〇　決定總持經　一卷。西晉竺法護譯〔祐〕。
一〇三一一　謗佛經　一卷。元魏菩提留支譯。勘同決定總持經〔經〕。
〇三一二　法炬陀羅尼經　二〇卷。隋闍那崛多譯。開皇十三年至十六年（五九三—六）出〔房〕。後題首加大字〔開〕。
〇三一三　威德陀羅尼經　二〇卷。隋闍那崛多譯。開皇十五年至十六年（五九五—六）出〔房〕。後題首加大字〔泰〕。
〇三一四　無崖際持法門經　一卷。乞伏秦聖堅譯〔經〕。先失譯〔祐〕。後題際下有總字〔宋〕。

一〇三一五　尊勝菩薩入無量門陀羅尼經　一卷。　高齊萬天懿譯〔經〕。勘同無崖際持法門經〔仁〕。後題菩薩下有所問一切諸法六字〔開〕。

〇三一六　金剛上味陀羅尼經　一卷。　元魏佛陀扇多譯〔經〕。

一〇三一七　金剛場陀羅尼經　一卷。隋闍那崛多譯。開皇七年（五八七）出〔房〕。勘同金剛上味陀羅尼經〔仁〕。

〇三一八　無量門微密持經　一卷。　吴支謙譯〔祐〕。

一〇三一九　出生無量門持經　一卷。東晉佛陀跋陀羅譯。勘同無量門微密持經〔祐〕。

一〇三二〇　阿難陀自佉尼呵離陀經　一卷。　失譯〔祐〕。後誤求那跋陀羅譯〔開〕。勘同無量門微密持經〔周〕。今附晉録。

一〇三二一　無量門破魔陀羅尼經　一卷。　劉宋功德直譯。大明六年（四六二）出〔祐〕。勘同無量門微密持經〔經〕。

一〇三二二　阿難目佉尼訶離陀羅尼經　一卷。　元魏佛陀扇多譯。勘同無量門微密
持經〔經〕。
一〇三二三　舍利弗陀羅尼經　一卷。　梁僧伽婆羅譯〔房〕。先失譯。勘同無量門
微密持經〔經〕。
一〇三二四　一向出生菩薩經　一卷。　隋闍那崛多譯。開皇十五年（五九五）出
〔房〕。勘同無量門微密持經〔泰〕。
一〇三二五　出生無邊門陀羅尼經　一卷。　唐智嚴譯。開元元年（七二一）出。勘
同無量門微密持經〔開〕。
一〇三二六　出生無邊門陀羅尼經　一卷。　唐不空譯〔貞〕。勘同無量門微密持經
〔至〕。

華嚴部　六八部　三三五卷

〇三二七　大方廣佛華嚴經　六〇卷。　東晉佛陀跋陀羅譯。晉義熙十四年至劉宋

永初二年（四一八—四二一）出〈祐〉。原五十卷，今依經録改正。

一○三二八　大方廣佛華嚴經　八○卷。　唐實叉難陀譯。證聖元年至聖歷二年（六九五—八）出。勘同晉譯華嚴經〈開〉。

一○三二九　兜沙經　一卷。　後漢支婁迦讖譯〈祐〉。勘同華嚴各號品〈經〉。

一○三三○　菩薩本業經　一卷。　吳支謙譯〈祐〉。勘同華嚴淨行品并十住品〈經〉。

一○三三一　菩薩求佛本業經　一卷。失譯〈祐〉。後誤聶道真譯〈開〉。勘同華嚴淨行品〈經〉。

一○三三二　菩薩十住經　一卷。　西晉竺法護譯〈祐〉。勘同華嚴十住品。後經題作十住行道品〈開〉。

一○三三三　菩薩十住經　一卷。　失譯〈祐〉。後作祇多蜜譯〈開〉。勘同華嚴十住品〈經〉。

一○三三四　漸備一切智經　五卷。　西晉竺法護譯。元康七年（二九七）出〈祐〉。

勘同華嚴十地品。題智下有德字〔經〕。

一〇三三五　十住經　四卷。姚秦鳩摩羅什共佛駄耶舍譯〔祐〕。勘同華嚴十地品〔經〕。

一〇三三六　十地經　九卷。唐尸羅達摩譯〔貞〕。今勘同十住經。

一〇三三七　等目菩薩所問三昧經　二卷。西晉竺法護譯〔祐〕。勘同華嚴十定品〔開〕。題中所問三昧四字依經録加。

一〇三三八　顯無邊佛土功德經　一卷。唐玄奘譯〔圖〕。永徽五年（六五四）出。勘同華嚴壽量品〔開〕。

一〇三三九　較量一切佛刹功德經　一卷。宋法賢譯。至道元年（九九五）出〔祥〕。今勘同顯無邊佛土功德經。

一〇三四〇　如來興顯經　四卷。西晉竺法護譯。元康元年（二九一）出〔祐〕。勘同華嚴如來性起品〔經〕。并同十忍品〔開〕。

一〇三四一　度十品經　六卷。西晉竺法護譯。元康元年（二九一）出〔祐〕。勘同華嚴離世間品〔經〕。

一〇三四二　大方廣佛華嚴經　四〇卷。　唐般若譯〔貞〕。今勘同華嚴入法界品。

一〇三四三　羅摩伽經　三卷。　乞伏秦聖堅譯〔經〕。先失譯〔祐〕。勘同華嚴入法界品〔經〕。

一〇三四四　大方廣佛華嚴經續入法界品　一卷。　唐地婆訶羅譯〔周〕。垂拱元年〔六八五〕出。勘是續舊華嚴經缺文〔開〕。後題刪續字〔宋〕。

一〇三四五　文殊師利發願經　一卷。　東晉佛陀跋陀羅譯。元熙二年〔四二〇〕出〔祐〕。今勘同般若譯華嚴經末卷。

一〇三四六　普賢行願贊　一卷。　唐不空譯〔貞〕。今勘同般若譯華嚴經末卷。

〇三四七　大方廣佛華嚴經不思議佛境界分　一卷。　唐提雲般若譯。永昌元年〔六八九〕出〔周〕。

一〇三四八　大方廣如來不思議境界經　一卷。　唐實叉難陀譯。勘同華嚴不思議佛境界分〔開〕。

○三四九　度諸佛境界光嚴經　一卷。　失譯〔經〕。附三秦録。題界下有智字〔開〕。

一○三五○　佛華嚴入如來德智不思議境界經　三卷。　隋闍那崛多等譯〔房〕。勘同度諸佛境界光嚴經〔開〕。

一○三五一　大方廣入如來智德不思議經　一卷。　唐實叉難陀譯。勘同度諸佛境界光嚴經〔開〕。

○三五二　如來莊嚴智慧光明入一切諸佛境界經　二卷。　元魏曇摩流支譯。景明二年（五○一）出〔房〕。先作菩提留支譯〔經〕。

一○三五三　度一切諸佛境界智嚴經　一卷。　梁曼陀羅仙共僧伽婆羅譯〔經〕。勘同如來莊嚴智慧光明入佛境界經〔仁〕。

一○三五四　大乘入諸佛境界智光明莊嚴經　五卷。　宋法護等譯〔至〕。今勘同入佛境界經。

○三五五　大聖文殊師利讚法身禮　一卷。　唐不空譯〔貞〕。

〇三五六　大方廣佛華嚴經修慈分　一卷。　唐提雲般若譯。天授二年（六九一）出〔周〕。

〇三五七　大方廣未曾有經善巧方便品　一卷。　宋施護譯。咸平五年（一〇〇二）出〔祥〕。

〇三五八　甚深大回嚮經　一卷。　失譯〔經〕。附劉宋錄〔開〕。

〇三五九　信力入印法門經　五卷。　元魏曇摩流支譯。正始元年　（五〇四）出〔房〕。先作菩提留支譯。勘是華嚴經別品〔經〕。

〇三六〇　大方廣普賢所說經　一卷。　唐實叉難陀譯〔開〕。

〇三六一　大方廣總持寶光明經　五卷。　宋法天譯。太平興國八年（九八三）出〔祥〕。

〇三六二　大方廣菩薩十地經　一卷。　元魏吉迦夜譯〔開〕。先作竺法護譯〔開〕。

〇三六三　十住斷結經　一一卷。　姚秦竺佛念譯〔祐〕。或題最勝問菩薩十住除垢斷結經〔宋〕。

〇三六四　大悲分陀利經　八卷。　失譯〔經〕。附三秦録。題首作大乘〔開〕。

一〇三六五　悲華經　一〇卷。　北凉曇無讖譯〔祐〕。勘同大悲分陀利經〔經〕。

〇三六六　賢劫經　七卷。　西晉竺法護譯。元康元年（二九一）出〔祐〕。

〇三六七　千佛因緣經　一卷。　失譯〔祐〕。後誤鳩摩羅什譯〔周〕。

〇三六八　諸佛經　一卷。　宋施護譯。淳化二年（九九一）出〔祥〕。

〇三六九　佛名經　一二卷。　元魏菩提留支譯〔房〕。

〇三七〇　不思議功德經　二卷。　失譯〔祐〕。附吴録。題德下有諸佛所護念五字〔開〕。

〇三七一　十方千五百佛名經　一卷。　失譯〔祐〕。敦煌本〔日〕。

〇三七二　三世三千佛名經　一卷。　失譯〔祐〕。附梁録。題首有三劫二字〔開〕。又分過去莊嚴劫千佛名經等三部〔宋〕。

〇三七三　稱揚諸佛功德經　三卷。　失譯〔祐〕。後誤吉迦夜譯〔開〕。麗刻跋作慧海譯。龜兹語本。今附晉録。

○三七四　百佛名經　一卷。　隋那連提黎耶舍譯。開皇二年（五八二）出〔房〕。

○三七五　滅十方冥經　一卷。　西晉竺法護譯。光（原誤元）熙元年（三〇六）出〔祐〕。

○三七六　大乘大方廣佛冠經　二卷。　宋法護譯。天聖二年（一〇二四）出〔景〕。

○三七七　受持七佛名號所生功德經　一卷。　唐玄奘譯〔泰〕。永徽二年（六五一）出〔開〕。

○三七八　寶網經　一卷。　西晉竺法護譯〔祐〕。

○三七九　八大菩薩經　一卷。　宋法賢譯。淳化五年（九九四）出〔祥〕。

○三八〇　六菩薩名經　一卷。　失譯〔祐〕。附後漢録〔房〕。或題六菩薩名亦當誦持經〔經〕。

○三八一　觀彌勒菩薩生兜率天經　一卷。　劉宋沮渠京聲譯〔祐〕。或題生作上生〔仁〕。

○三八二　彌勒來時經　一卷。　失譯〔泰〕。附東晉録。

一〇三八三　彌勒下生經　一卷。姚秦鳩摩羅什譯〔祐〕。勘同彌勒來時經〔開〕。
後題末有成佛二字〔宋〕。

一〇三八四　彌勒下生成佛經　一卷。唐義淨譯。大足元年（七〇一）出。勘同彌勒來時經〔開〕。

〇三八五　彌勒成佛經　一卷。姚秦鳩摩羅什譯〔祐〕。弘始四年（四〇二）出〔房〕。後題成上有大字〔宋〕。

〇三八六　觀普賢菩薩行法經　一卷。劉宋曇摩蜜多譯〔祐〕。

〇三八七　觀世音授記經　一卷。劉宋曇無竭譯〔祐〕。後題音下有菩薩二字〔開〕。

〇三八八　如幻三摩地無量印法門經　三卷。宋施護譯。大中祥符二年（一〇〇九）出〔祥〕。

〇三八九　觀無量壽經　一卷。劉宋畺良耶舍譯〔經〕。先失譯〔祐〕。原題無量壽觀經。後題壽下有佛字〔開〕。今依祐録改。

○三九○　阿彌陀經　一卷。　姚秦鳩摩羅什譯〔祐〕。弘始四年（四○二）出〔房〕。

—○三九一　稱贊淨土佛攝受經　一卷。　唐玄奘譯〔圖〕。永徽元年（六五○）出。勘同阿彌陀經〔開〕。

○三九二　後出阿彌陀佛偈　一卷。　失譯〔祐〕。附後漢錄〔開〕。

○三九三　拔一切業障根本得生淨土神咒　一卷。　劉宋求那跋陀羅譯〔宋〕。

○三九四　阿彌陀佛說咒　一卷。　失譯〔日〕。

涅槃部　三○部　一六五卷

○三九五　大般涅槃經　三六卷。　北涼曇無讖譯。玄始十年（四二一）出〔祐〕。

—○三九六　大般涅槃經　三六卷。　劉宋慧嚴慧觀謝靈運等改訂〔開〕。

—○三九七　大般泥洹經　六卷。　東晉法顯共佛陀跋陀羅譯。義熙十三年（四一七）出〔祐〕。勘同大涅槃經前分十卷盡大衆問品〔經〕。

○三九八　方等泥洹經　二卷。　西晉竺法護譯。太始五年（二六九）出〔祐〕。
後題方等般泥洹經〔開〕。

一○三九九　四童子經　三卷。　隋闍那崛多譯。開皇十三年（五九三）出〔房〕。
勘同方等泥洹經〔泰〕。或題童子下有三昧二字〔開〕。

○四○○　大悲經　五卷。　高齊那連提黎耶舍共法智譯〔經〕。天保九年（五五
八）出〔房〕。

○四○一　摩訶摩耶經　二卷。蕭齊曇景譯〔經〕。先失譯〔祐〕。

○四○二　中陰經　二卷。　苻秦竺佛念譯〔祐〕。

○四○三　菩薩處胎經　五卷。　苻秦竺佛念譯〔祐〕。或題菩薩從兜率天降神母
胎說廣普經〔宋〕。

○四○四　蓮華面經　二卷。　隋那連提黎耶舍譯。開皇四年（五八四）出〔房〕。

○四○五　佛入涅槃金剛力士哀戀經　一卷。　失譯〔經〕。附三秦錄。後題金剛
上有密蹟二字〔開〕。

〇四〇六　般泥洹後四輩灌腊經　一卷。失譯〔祐〕。後誤竺法護譯。題缺四輩二字〔開〕。

〇四〇七　佛滅度後棺歛葬送經　一卷。失譯〔祐〕。附西晉録〔開〕。

〇四〇八　佛般泥洹時迦葉赴佛經　一卷。失譯〔祐〕後作竺曇無蘭譯〔開〕。或題迦葉赴佛經〔仁〕。

〇四〇九　佛垂般泥洹略説教誡經　一卷。姚秦鳩摩羅什譯〔祐〕。

〇四一〇　方等大雲經　六卷。北涼曇無讖譯〔祐〕。後題方等無相大雲經〔章〕。

〇四一一　大雲無想經第九卷　一卷。今勘是苻秦竺佛念譯。

〇四一二　大法鼓經　二卷。劉宋求那跋陀羅譯〔祐〕。

〇四一三　金光明經　四卷。北涼曇無讖譯〔祐〕。

〇四一四　合金光明經　八卷。北涼曇無讖、北周闍那崛多、陳真諦譯。隋寶貴閤。開皇十七年（五九七）出〔房〕。原題新合，今依開録删正。

一〇四一五　金光明最勝王經　一〇卷。唐義淨譯。長安三年（七〇三）出。勘同涼譯金光經〔開〕。

一〇四一六　莊嚴菩提心經　一卷。　姚秦鳩摩羅什譯〔經〕。今勘同金光明經淨地陀羅尼品。

〇四一七　正法華經　一〇卷。　西晉竺法護譯。太康七年（二八六）出〔祐〕。

一〇四一八　妙法蓮華經　七卷。　姚秦鳩摩羅什譯。弘始八年（四〇六）出〔祐〕。勘同正法華經。原題新法華經，今依經録改正。

一〇四一九　添品妙法蓮華經　七卷。　隋闍那崛多譯。仁壽元年（六〇一）出。勘同正法華經〔泰〕。題中添品二字依開録加。

一〇四二〇　薩曇分陀利經　一卷。　失譯〔祐〕。附西晉録〔開〕。勘同法華經寶塔品少分及提婆達多品〔經〕。原題作薩蕓，今依經録改正。

〇四二一　法華三昧經　一卷。　失譯〔祐〕。後作劉宋智嚴譯〔開〕。

〇四二二　無量義經　一卷。　蕭齊曇摩伽陀耶舍譯〔祐〕。建元三年（四八一）出〔開〕。

〇四二三　濟諸方等學經　一卷。　西晉竺法護譯〔祐〕。

一〇四二四　大乘方廣總持經　一卷。　隋毘尼多流支譯。開皇二年（五八二）出〔房〕。

勘同濟諸方等學經〔開〕。

阿含部　二六四部　六〇七卷

〇四二五　雜阿含經　四八卷。　劉宋求那跋陀羅譯〔祐〕。原五十卷，缺二卷，後誤以阿育王傳補入〔宋〕。今刪。

一〇四二六　別譯雜阿含經　二〇卷。　失譯〔經〕。附三秦錄〔開〕。勘出雜阿含第四，第二十二，第三十二至三十六，第三十八至四十六，第四十八至五十各卷。

一〇四二七　雜阿含經　一卷。　失譯〔祐〕。附魏吳錄。勘是雜阿含別品〔經〕。散見雜阿含各卷，其中原有二十七經，今刪去積骨、七處三觀兩經。

一〇四二八　五陰譬喻經　一卷。　後漢安世高譯〔祐〕。勘出雜阿含第十卷〔開〕。

一〇四二九　水沫所漂經　一卷。　失譯〔祐〕。後作竺曇無蘭譯。勘同五陰譬喩經〔開〕。今附魏吳錄。

一〇四三〇　聖法印經　一卷。　西晉竺法護譯〔祐〕。元康四年（二九四）出。勘出雜阿含第三卷〔開〕。

一〇四三一　法印經　一卷。　宋施護譯。咸平四年（一〇〇一）出〔祥〕。今勘同聖法印經。

一〇四三二　五蘊皆空經　一卷。　唐義淨譯。景龍四年（七一〇）出。勘出雜阿含第二卷〔開〕。

一〇四三三　七處三觀經　一卷。　後漢安世高譯〔祐〕。元嘉元年（一五一）出。勘出雜阿含第二卷〔開〕。原與雜經四十四篇及積骨經等合本，今別行。

一〇四三四　隨勇尊者經　一卷。　宋施護法護惟淨同譯。大中祥符九年（一〇一六）出〔景〕。今勘出雜阿含第九卷。

一○四三五　不自守意經　一卷。失譯〔祐〕。後誤支謙譯。勘出雜阿含第十一卷〔開〕。今附魏吳錄。

一○四三六　勝義空經　一卷。宋施護法護惟淨同譯。大中祥符九年（一○一六）出〔景〕。今勘出雜阿含第十二卷。

一○四三七　滿願子經　一卷。失譯〔祐〕。附東晉錄。勘出雜阿含第十三卷〔開〕。

一○四三八　轉法輪經　一卷。後漢安世高譯〔祐〕。勘出雜阿含第十五卷〔開〕。

一○四三九　三轉法輪經　一卷。唐義淨譯。景龍四年（七一○）出。勘同轉法輪經〔開〕。

一○四四○　醫喻經　一卷。宋施護譯　大中祥符元年（一○○八）出〔祥〕。今勘出雜阿含第十五卷。

一○四四一　相應相可經　一卷。失譯〔祐〕。後作法炬譯〔開〕。今勘出雜阿含第十六卷。

一〇四四二　月喻經　一卷。　宋施護譯。大中祥符元年（一〇〇八）出〔祥〕。今勘出雜阿含第四十一卷。

一〇四四三　善馬有三相經　一卷。　失譯〔祐〕。後誤支曜譯。勘出雜阿含第三十二卷〔開〕。今附魏吳錄。

一〇四四四　馬有八態〔譬人〕經　一卷。　失譯〔祐〕。後誤支曜譯。勘出雜阿含第三十二卷〔開〕。今附魏吳錄。

一〇四四五　解憂經　一卷。　宋法天譯。淳化元年（九九〇）出〔祥〕。今勘出雜阿含第三十四卷。

一〇四四六　積骨經　一卷。　後漢安世高譯〔祐〕。原在大本七處三觀經中，今別行。勘出雜阿含第三十四卷。

一〇四四七　牧牛經　一卷。　失譯〔祐〕。後誤鳩摩羅什譯。勘出雜阿含第四十六卷〔開〕。

一〇四四八　緣起經　一卷。　唐玄奘譯〔圖〕。龍朔元年（六六一）出。勘同牧牛經〔開〕。

一〇四四九　信解智力經　一卷。　宋法賢譯。咸平元年（九九八）出〔祥〕。今勘出雜阿含第二十六卷。

一〇四五〇　清淨心經　一卷。　宋施護法護惟淨同譯。大中祥符九年（一〇一六）出〔景〕。今勘出雜阿含第二十六卷。

一〇四五一　輪王七寶經　一卷。　宋施護譯。咸平五年（一〇〇二）出〔祥〕。今勘出雜阿含第二十七卷。

一〇四五二　無常經　一卷。　唐義淨譯。大足元年（七〇一）出〔開〕。今勘出雜阿含第二十七卷。

一〇四五三　八正道經　一卷。　後漢安世高譯〔祐〕。今勘出雜阿含第二十八卷〔開〕。

一〇四五四　難提釋經　一卷。　失譯〔祐〕。後作法炬譯。勘出雜阿含第三十卷〔開〕。

一〇四五五　戒德香經　一卷。　失譯〔祐〕。後作曇無蘭譯〔開〕。今附西晉錄。

一〇四五六　戒香經　一卷。　宋法賢譯。至道三年（九九七）出〔祥〕。今勘同戒德香經。

一〇四五七　鴦掘魔經　一卷。　西晉竺法護譯〔祐〕。今勘出雜阿含第三十八卷。

一〇四五八　鴦崛髻經　一卷。　失譯〔祐〕。後作法炬譯。勘同鴦掘魔經，文稍廣〔開〕。

一〇四五九　蟻喻經　一卷。　宋施護譯。大中祥符二年（一〇〇九）出〔祥〕。今勘出雜阿含第三十八卷。

一〇四六〇　波斯匿王大後崩塵土坌身經　一卷。　失譯〔祐〕。後作法炬譯〔開〕。今勘出雜阿含第四十六卷。

一〇四六一　大三摩惹經　一卷。　宋法天譯。淳化元年（九九〇）出〔祥〕。今勘出雜阿含第四十四卷。

一〇四六二　新歲經　一卷。　失譯〔祐〕，後作竺曇無蘭譯〔開〕。今附西晉錄。勘出雜阿含第四十五卷。

一〇四六三　受新歲經　一卷。　失譯。後誤題竺法護譯〔宋〕。今勘同新歲經。

一〇四六四　解夏經　一卷。　宋法賢譯。咸平元年（九九八）出〔祥〕。今勘同新歲經。

〇四六五　中阿含經　六〇卷。　東晉僧伽提婆譯。隆安元年至二年（三九七—八）出〔祐〕。

一〇四六六　七知經　一卷。　失譯〔祐〕。後誤支謙譯〔開〕。勘出中阿含第一卷〔經〕。今勘同善法經。

一〇四六七　園生樹經　一卷。　宋施護譯。咸平四年（一〇〇一）出〔祥〕。今勘出中阿含第一卷晝度樹經。

一〇四六八　咸水喻經　一卷。　失譯〔祐〕。附西晉錄。勘出中阿含第一卷〔開〕。今勘同水喻經。

一〇四六九　薩鉢多酥哩逾桳野經　一卷。　宋法賢譯。淳化二年（九九一）出〔祥〕。
今勘出中阿含第二卷七日經。

一〇四七〇　一切流攝守經　一卷。　後漢安世高譯〔祐〕。後題守下有因字。勘出中阿含第二卷〔開〕。今勘同漏盡經。

一〇四七一　四諦經　一卷。　後漢安世高譯〔祐〕。勘出中阿含第七卷〔開〕。今勘同分別聖諦經。

一〇四七二　恒水經　一卷。　失譯〔祐〕。後作法炬譯。勘出中阿含第九卷〔開〕。今勘同瞻波經。

一〇四七三　法海經　一卷。　西晉法炬譯〔開〕。勘同恒水經〔經〕。

一〇四七四　海八德經　一卷。　失譯〔祐〕。後誤鳩摩羅什譯〔開〕。勘同恒水經〔經〕。今附晉録。

一〇四七五　本相猗致經　一卷。　後漢安世高譯〔祐〕。勘出中阿含第十卷〔開〕。
今勘同本際經。

一〇四七六　緣本致經　一卷。　失譯〔經〕。附東晉錄〔開〕。勘同本相猗致經〔經〕。

一〇四七七　頂生王故事經　一卷。　失譯〔祐〕。後作法炬譯〔開〕。勘出中阿含第十一卷〔經〕。今勘同四洲經。

一〇四七八　文陀竭王經　一卷。　失譯〔祐〕。後誤曇無讖譯。勘同頂生王故事經〔開〕。今附西晉錄。

一〇四七九　頻婆娑羅王經　一卷。　宋法賢譯。咸平元年（九九八）出〔祥〕。今勘出中阿含第十一卷頻鞞娑邏王迎佛經。

一〇四八〇　鐵城泥犁經　一卷。　失譯〔祐〕。後作竺曇無蘭譯。勘出中阿含第十二卷〔開〕。今勘與五天使經同本。

一〇四八一　閻羅王五天使者經　一卷。　失譯〔經〕。後作慧簡譯。勘同鐵城泥犁經〔開〕。

一〇四八二　古來世時經　一卷。　失譯〔祐〕。附東晉錄〔開〕。勘出中阿含第十三卷〔經〕。今勘同説本經。題中世時二字依經録加。

一〇四八三　大正句王經　二卷。　宋法賢譯。至道三年（九九七）出〔祥〕。今勘出中阿含第十六卷鞞肆經。

一〇四八四　阿那律八念經　一卷。　失譯〔祐〕。後誤支曜譯〔開〕勘出中阿含第十八卷〔經〕。今附西晉録。勘同八念經。

一〇四八五　離睡經　一卷。　失譯〔祐〕。後誤竺法護譯〔開〕。勘出中阿含第二十卷〔經〕。今勘同長老上尊睡眠經。

一〇四八六　是法非法經　一卷。　後漢安世高譯〔祐〕。勘出中阿含第二十一卷〔開〕。今勘同真人經。

一〇四八七　求欲經　一卷。　失譯〔祐〕。後作法炬譯。勘出中阿含第二十二卷〔開〕。今勘同穢品經。

一〇四八八　受歳經　一卷。　失譯〔祐〕。後誤竺法護譯〔開〕。勘出中阿含第二十三卷〔經〕。今勘同比丘請經。

一〇四八九　梵志計水淨經　一卷。　失譯〔祐〕。附東晉錄〔開〕。勘出中阿含第二十三卷〔經〕。今勘同水淨梵志經。

一〇四九〇　人本欲生經　一卷。　後漢安世高譯〔祐〕。今勘出中阿含第二十四卷大因經。

一〇四九一　大生義經　一卷。　宋施護譯。咸平四年（一〇〇一）出〔祥〕。今勘同人本欲生經。

一〇四九二　苦陰經　一卷。　失譯〔祐〕。附後漢錄〔房〕。勘出中阿含第二十五卷〔經〕。今勘同苦陰經。

一〇四九三　釋摩男經　一卷。　吳支謙譯〔祐〕。勘出中阿含第二十五卷〔經〕。今勘同第二苦陰經。後題男下有本四子三字〔宋〕。

一〇四九四　苦陰因事經　一卷。　失譯〔祐〕。後作法炬譯〔開〕。勘同釋摩男本經〔經〕。原題業經，今依經錄改正。

一〇四九五　尼拘陀梵志經　二卷。　宋施護法護惟淨同譯。中大祥符四年（一〇一一）出〔祥〕。今勘出中阿含第二十六卷優曇婆邏經。

一〇四九六　樂想經　一卷。失譯〔祐〕。後誤竺法護譯〔開〕。勘出中阿含第二十六卷〔經〕。今勘同想經。

一〇四九七　漏分布經　一卷。後漢安世高譯〔祐〕。勘出中阿含第二十七卷〔開〕。今勘同達梵行經。

一〇四九八　阿耨颰經　一卷。失譯〔祐〕。後作竺曇無蘭譯〔開〕。勘出中阿含第二十七卷〔經〕。今勘同阿波經。原題阿耨風經，今依經錄改正。

一〇四九九　諸法本經　一卷。失譯〔祐〕。後誤支謙譯〔開〕。勘出中阿含第二十八卷〔經〕。今附西晉錄，勘同諸法本經。

一〇五〇〇　瞿曇彌記果經　一卷。失譯〔祐〕。後作慧簡譯〔開〕。勘出中阿含第二十八卷〔經〕。今勘同瞿曇彌經。

一〇五〇一　瞻婆比丘經　一卷。失譯〔祐〕。後作法炬譯。勘出中阿含第二十九卷〔開〕。今勘同瞻波經。

一〇五〇二　八無暇有暇經　一卷。唐義淨譯。大足元年（七〇一）出〔開〕。今勘出中阿含第二十九卷八難經。

一〇五〇三　伏婬經　一卷。失譯〔祐〕。後作法炬譯〔開〕。勘出中阿含第三十卷〔經〕。今勘同行欲經。

一〇五〇四　魔嬈亂經　一卷。失譯。附後漢錄〔房〕。勘出中阿含第三十卷〔經〕。今勘同降魔經。

一〇五〇五　弊魔試目連經　一卷。失譯〔祐〕。後誤支謙譯。勘同魔嬈亂經〔開〕。今附魏吳錄。

一〇五〇六　賴吒和羅經　一卷。吳支謙譯〔祐〕。勘出中阿含第三十一卷〔經〕。今勘同賴吒積羅經。

一〇五〇七　護國經　一卷。宋法賢譯。咸平二年（九九九）出〔祥〕。今勘同賴吒和羅經。

一〇五〇八　帝釋所問經　一卷。　宋法賢譯。咸平元年（九九八）出〔祥〕。今勘出中阿含第三十三卷釋問經。

一〇五〇九　大六向拜經　一卷。　西晉竺法護譯〔祐〕。太安元年（三〇二）出〔房〕。後誤題尸迦羅越六方禮經。　安世高譯〔開〕。今勘出中阿含第三十三卷善生經。

一〇五一〇　善生子經　一卷。　西晉支法度譯〔開〕。先失譯〔祐〕。勘同大六嚮拜經〔房〕。

一〇五一一　數經　一卷。　失譯〔祐〕。後作法炬譯。勘出中阿含第三十五卷〔開〕。今勘同算數目犍連經。

一〇五一二　梵志波羅延問種尊經　一卷。　失譯〔經〕。後作竺曇無蘭譯。勘出中阿含第三十七卷〔開〕。今勘同阿攝惒經　今附魏吳錄。

一〇五一三　白衣金幢二婆羅門緣起經　三卷。宋施護法護惟淨同譯。大中祥符五年（一〇一二）出〔景〕。今勘出中阿含第三十九卷婆羅婆堂經。

一〇五一四 須達長者經 一卷。 蕭齊求那毗地譯〔經〕。建武二年（四九五）出〔祐〕。今勘出阿含第三十九卷須達哆經。

一〇五一五 三歸五戒慈心厭離功德經 一卷。 失譯〔周〕。今勘同須達長者經。

一〇五一六 長者施報經 一卷。 宋法天譯。淳化元年（九九〇）出〔祥〕。今勘同須達長者經。

一〇五一七 佛爲黃竹園老婆羅門說學經 一卷。 失譯〔祐〕。附劉宋錄。勘出中阿含第四十卷〔開〕。今勘同黃蘆園經。

一〇五一八 梵摩渝經 一卷。 吳支謙譯〔祐〕。勘出中阿含第四十一卷〔開〕。今勘同梵摩經。

一〇五一九 尊上經 一卷。 失譯〔祐〕。後誤竺法護譯〔開〕。勘出中阿含第四十三卷〔經〕。今勘同釋中禪室尊經。

一〇五二〇 兜調經 一卷。 失譯〔祐〕。附西晉錄。勘出中阿含第四十四卷〔開〕。

今勘同鸚鵡經。

一〇五二一　鸚鵡經　一卷。失譯〔祐〕。後作求那跋陀羅譯。勘同兜調經〔開〕。

一〇五二二　業報差別經　一卷。隋瞿曇法智譯。開皇二年（五八二）出〔房〕。今勘同兜調經。

一〇五二三　分別善惡報應經　二卷。宋天息災譯。雍熙元年（九八四）出〔祥〕。勘同兜調經〔至〕。

一〇五二四　淨意優婆塞所問經　一卷　宋施護譯。景德二年（一〇〇五）出〔祥〕。今勘同兜調經。

一〇五二五　意經　一卷。失譯〔祐〕。後誤竺護譯〔開〕。勘出中阿含第四十五卷〔經〕。今勘同心經。

一〇五二六　應法經　一卷。失譯〔祐〕。後誤竺法護譯〔開〕。勘出中阿含第四十五卷〔經〕。今勘同受法經。

一〇五二七　分別布施經　一卷。宋施護譯。咸平四年（一〇〇一）出〔祥〕。今勘出中阿含第四十七卷瞿曇彌經。

一〇五二八　四品法門經　一卷。　宋法賢譯。咸平元年（九九八）出〔祥〕。今勘出中阿含第四十七卷多界經。

一〇五二九　息淨因緣經　一卷。　宋施護譯。大中祥符元年（一〇〇八）出〔祥〕。今勘出中阿含第五十二卷周那經。

一〇五三〇　泥犁經　一卷。　失譯〔祐〕。後作竺曇無蘭譯。勘出中阿含第五十三卷〔開〕。今勘同痴慧地經。

一〇五三一　齋經　一卷。　吳支謙譯〔祐〕。勘出中阿含第五十五卷〔經〕。今勘同持齋經。

一〇五三二　優婆夷墮舍經　一卷。　失譯〔祐〕。附劉宋録。勘同齋經。題舍下有迦字〔開〕。

一〇五三三　八關齋經　一卷。　失譯〔祐〕。後作沮渠京聲譯〔開〕。今附西晉録。勘同齋經。

一〇五三四　鞞摩肅經　一卷。　失譯〔祐〕。後作求那跋陀羅譯〔開〕。勘出中阿含第五十七卷〔經〕。今勘同鞞摩那修經。

一〇五三五　婆羅門子命終愛念不離經　一卷。　失譯〔祐〕。後作安世高譯。勘出中阿含第六十卷〔開〕。今勘同愛生經。

一〇五三六　十支居士八城人經　一卷。　失譯〔祐〕。後誤安世高譯〔開〕。勘出中阿含第六十卷〔經〕。今勘同八城經。

一〇五三七　邪見經　一卷。　失譯〔祐〕。附劉宋録〔開〕。勘出中阿含第六十卷〔經〕。今勘同見經。

一〇五三八　箭喩經　一卷。　失譯〔祐〕。附東晉録〔開〕。勘出中阿含第六十卷〔經〕。今勘同箭喩經。

一〇五三九　長阿含經　二二卷。　姚秦佛馱耶舍譯。弘始十五年（四一三）出〔祐〕。

一〇五四〇　七佛父母姓字經　一卷。　失譯〔祐〕。附魏吳録〔房〕。勘出長阿含〔經〕。今勘同第一卷初分大本經。

一〇五四一　七佛經　一卷。宋法天譯。淳化元年（九九〇）出〔祥〕。今勘同七佛父母姓字經。

一〇五四二　毘婆尸佛經　二卷。宋法天譯。淳化元年（九九〇）出〔祥〕。今勘出七佛父母姓字經。

一〇五四三　佛般泥洹經　二卷。西晉竺法護譯。太始五年（二六九）出〔祐〕。後作帛法祖譯。勘出長阿含第二至四卷初分游行經〔開〕。

一〇五四四　大般涅槃經　三卷。東晉法顯譯。勘同佛般泥洹經〔開〕。

一〇五四五　般泥洹經　二卷。失譯。附東晉錄〔開〕。先作劉宋求那跋陀羅譯〔經〕。勘同佛般泥洹經〔開〕。原殘一卷。開錄補全。

一〇五四六　大堅固婆羅門緣起經　二卷。宋施護法護惟淨同譯。大中祥符三年（一〇一〇）出〔祥〕。今勘出長阿含第五卷初分典尊經。

一〇五四七　人仙經　一卷。宋法賢譯。咸平元年（九九八）出〔祥〕。今勘出長阿含第五卷初分闍尼沙經。

一〇五四八　大集法門經　二卷。宋施護譯。景德二年（一〇〇五）出〔祥〕。今勘出長阿含第八卷第二分衆集經。

一〇五四九　長阿含十報法經　二卷。後漢安世高譯〔祐〕。勘出長阿含第九卷〔開〕。今勘同二分十上經。

一〇五五〇　信佛功德經　一卷。宋法護譯。咸平元年（九九八）出〔祥〕。今勘出長阿含第二十卷二分自歡喜經。

一〇五五一　佛開解梵志阿颰經　一卷。失譯〔祐〕。後誤支謙譯。勘出長阿含〔開〕。今勘同三分阿摩晝經。

一〇五五二　梵網六十二見經　一卷。西晉竺法護譯〔祐〕。後誤支謙譯。勘出長阿含第十四卷〔開〕。今勘同三分梵動經。

一〇五五三　寂志果經　一卷。失譯〔祐〕。後作竺曇無蘭譯。勘出長阿含第十七卷〔開〕。今勘同三分沙門果經。

一〇五五四　樓炭經　六卷。　西晉法炬譯〔祐〕。後作法炬法立共譯。勘出長阿含四分世記經。

一〇五五五　起世經　一〇卷。　隋闍那崛多等譯。勘同樓炭經〔開〕。

一〇五五六　起世因本經　一〇卷。　隋達摩笈多譯〔泰〕。勘同樓炭經〔開〕。題中因本二字依周録加。

〇五五七　增一阿含經　五一卷。　苻秦曇摩難提譯。建元二十一年（三八五）出〔祐〕。後誤東晉僧伽提婆譯〔開〕。今勘係經僧伽提婆修正。

一〇五五八　雜經四十四篇　二卷。　後漢安世高譯。安公雲出增一阿含，今缺〔祐〕。舊本雜在七處三觀經內，今別出。

一〇五五九　阿羅漢具德經　一卷。　宋法賢譯。至道二年（九九六）出〔祥〕。勘出增一阿含第三卷〔至〕。今勘同弟子等品。

一〇五六〇　無上處經　一卷。　失譯〔經〕。附東晉録〔開〕。今勘出增一阿含第十二卷三寶品。

一〇五六一　四人出現世間經　一卷。　失譯〔祐〕。後作求那跋陀羅譯。勘出增一阿含第十八卷〔開〕。今勘同四意斷品。

一〇五六二　四無所畏經　一卷。　宋施護譯。淳化二年（九九一）出〔祥〕。今勘出增一阿含第十九卷四諦品。

一〇五六三　五大施經　一卷。　宋施護法護惟淨同譯。天禧元年（一〇一七）出〔景〕。今勘出增一阿含第二十卷聲聞品。

一〇五六四　三摩竭經　一卷。　吳竺律炎譯〔經〕。黃龍二年（二三〇）出〔開〕。今勘出增一阿含第二十二卷須陀品。

一〇五六五　須摩提女經　一卷。　失譯〔祐〕。後誤吳支謙譯〔開〕。今附西晉錄。勘同三摩竭經。

一〇五六六　給孤長者女得度因緣經　三卷。　宋施護譯。景德三年（一〇〇六）出〔祥〕。今勘同三摩竭經。

一〇五六七　婆羅門避死經　一卷。　失譯〔祐〕。後誤安世高譯。勘出增一阿含第二十三卷〔開〕。今勘同增上品。

一〇五六八 施色力經 一卷。失譯〔祐〕。附東晉錄。題食施獲五福報經。勘出增一阿含第二十四卷〔開〕。今勘同善聚品。

一〇五六九 琉璃王經 一卷。西晉竺法護譯〔祐〕。今勘出增一阿含第二十六卷等見品。

一〇五七〇 頻毗娑羅王詣佛供養經 一卷。失譯〔祐〕。後作法炬譯。勘出增一阿含第二十六卷〔開〕。今勘同等見品。

一〇五七一 長者子六過出家經 一卷。失譯〔祐〕。後作慧簡譯。勘出增一阿含第二十七卷〔開〕。今勘同邪聚品。

一〇五七二 尊那經 一卷。宋法賢譯。至道二年（九九六）出〔祥〕。今勘出增一阿含第三十五卷七日品。

一〇五七三 力士移山經 一卷。西晉竺法護譯〔祐〕。勘出增一阿含第三十六卷〔開〕。今勘同難品。

一〇五七四　四未曾有法經　一卷。　失譯〔祐〕。後誤竺法護譯。勘同力士移山經〔開〕。

一〇五七五　舍利弗目蓮游諸國經　一卷。　西晉竺法護譯〔祐〕。後誤康孟祥譯。題舍利弗摩訶目蓮游四衢經。勘出增一阿含第四十一卷〔開〕。今勘同馬王品。

一〇五七六　十力經　一卷。　唐勿提提犀魚譯〔貞〕。今勘同增一阿含第四十二卷結禁品。

一〇五七七　佛十力經　一卷。　宋施護法護惟淨同譯。天禧元年（一〇一七）出〔景〕。今勘同十力經。

一〇五七八　十一想思念如來經　一卷。　失譯〔祐〕。後作求那跋陀羅譯。勘出增一阿含第四十八卷〔開〕。今勘同禮三寶品。

一〇五七九　四泥犁經　一卷。　失譯〔祐〕。後作竺曇無蘭譯。勘出增一阿含第四十八卷〔開〕。今勘同禮三寶品。

一〇五八〇　阿那邠祁化七子經　一卷。　失譯〔祐〕。後誤安世高譯。勘出增一阿含第四十九卷〔開〕。今勘同非常品。

一〇五八一　玉耶女經　一卷。　失譯〔祐〕。附西晉錄〔開〕。今勘出增一阿含第四十九卷非常品。

一〇五八二　玉耶經　一卷。　失譯〔經〕。後作竺曇無蘭譯。勘同玉耶女經〔開〕。

一〇五八三　阿遬達經　一卷。　失譯〔祐〕。後作求那跋陀羅譯〔開〕。勘同玉耶女經〔經〕。

一〇五八四　大愛道般泥洹經　一卷。　失譯〔祐〕。後作白法祖譯。勘出增一阿含第五十卷〔開〕。今勘同大愛道般涅槃品。

一〇五八五　佛母般泥洹經　一卷。　失譯〔祐〕。後作慧簡譯。勘同大愛道般泥洹經〔開〕。

一〇五八六　舍衛國王夢見十事經　一卷。　失譯〔祐〕。附東晉錄。勘出增一阿含第五十一卷〔開〕。今勘同大愛道般涅槃品。

一〇五八七　舍衛國王十夢經　一卷。　失譯。前經異本〔麗〕。
一〇五八八　國王不犁先尼十夢經　一卷。　失譯〔祐〕。後作竺曇無蘭譯。勘同舍衛國王夢見十事經〔開〕。
〇五八九　義足經　二卷。　吴支謙譯〔祐〕。題中足字疑是品字誤。
〇五九〇　本事經　七卷。　唐玄奘譯〔泰〕。永徽元年（六五〇）出〔開〕。
〇五九一　法句經　二卷。〔法救集〕。吴竺將炎共支謙譯。黃武三年（二二四）出〔祐〕。
一〇五九二　法集要頌經　四卷。　宋天息災譯。雍熙二年（九八五）出〔祥〕。今勘同法句經。
〇五九三　法句喩經　四卷。　西晉法炬共法立譯〔祐〕。後題法句譬喩經〔開〕。
〇五九四　四十二章經　一卷。　失譯。附漢録〔祐〕。或作竺摩騰譯。今勘爲上經略鈔。
〇五九五　正法念處經　七〇卷。　元魏瞿曇般若流支譯。興和元年（五三九）出

〔房〕。先作留支譯〔經〕。

○五九六　諸法集要經　一○卷。觀無畏集。宋日稱等譯〔至〕。

○五九七　妙法聖念處經　八卷。宋法天譯。雍熙二年（九八五）出〔祥〕。

○五九八　決定義經　一卷。宋法賢譯。咸平元年（九九八）出〔祥〕。

|○五九九　法大乘義決定經　三卷。宋金總持等譯〔至〕。今勘同決定義經。原與相吉祥律密法稱同譯。

○六○○　普法義經　一卷。後漢安世高譯〔祐〕。

|○六○一　廣義法門經　一卷。陳真諦譯〔房〕。天嘉四年（五六三）出。勘同普法義經〔開〕。

○六○二　略教誡經　一卷。唐義淨譯。景雲二年（七一一）出〔開〕。

○六○三　諸行有爲經　一卷。宋法天譯。雍熙元年（九八四）出〔祥〕。

○六○四　忠心政行經　一卷。失譯〔祐〕。後作竺曇無蘭譯〔開〕。

|○六○五　阿含正行經　一卷。失譯〔祐〕。後誤安世高譯〔開〕。今勘同忠心

政行經。

〇六〇六　法受塵經　一卷。　後漢安世高譯〔祐〕。

〇六〇七　所欲致患經　一卷。　西晉竺法護譯〔祐〕。太安三年（三〇四）出〔房〕。

〇六〇八　阿難同學經　一卷。　失譯〔祐〕。後誤安世高譯〔開〕。

〇六〇九　譬喻經　一卷。　唐義淨譯。景龍四年（七一〇）出〔開〕。

〇六一〇　大魚事經　一卷。　失譯〔祐〕。後作竺曇無蘭譯〔開〕。

〇六一一　佛醫經　一卷。　吳竺律炎共支謙譯〔泰〕。先失譯〔祐〕。

〇六一二　比丘聽施經　一卷。　失譯〔祐〕。後作竺曇無蘭譯〔開〕。今附魏吳録。

〇六一三　治身經　一卷。　失譯〔祐〕。附西晉録〔開〕。

〇六一四　身觀經　一卷。　失譯〔祐〕。後誤竺法護譯〔開〕。

〇六一五　法觀經　一卷。　失譯〔祐〕。後誤竺法護譯〔開〕。

○六一六　治意經　一卷。　失譯〔祐〕。附西晉録〔開〕。

○六一七　堅意經　一卷。　失譯〔祐〕。後誤安世高譯〔開〕。

○六一八　比丘避女惡名欲自殺經　一卷。　失譯〔祐〕。後作法炬譯〔開〕。

○六一九　安般守意經　一卷。　後漢安世高譯〔祐〕。

○六二〇　禪秘要法經　三卷。　姚秦鳩摩羅什譯〔經〕。題末經字依房録加。

○六二一　禪要秘密治病經　二卷。　劉宋沮渠京聲譯。孝建二年(四五五)出〔祐〕。後題治禪病秘要經〔開〕。

○六二二　禪行三十七品經　一卷。　失譯〔祐〕。後誤安世高譯〔開〕。今附西晉録。

○六二三　禪行法想經　一卷。　後漢安世高譯〔祐〕。

○六二四　五十校計經　二卷。　後漢安世高譯〔祐〕。

○六二五　內外六波羅密經　一卷。　失譯〔祐〕。後誤嚴佛調譯〔開〕。今附西晉録。

〇六二六　佛爲年少比丘説正事經　一卷。　失譯〔祐〕。後作法炬譯〔開〕。
〇六二七　處處經　一卷。　失譯〔祐〕。後誤安世高譯〔開〕。
〇六二八　大迦葉本經　一卷。　西晉竺法護譯〔祐〕。
〇六二九　群牛譬經　一卷。　失譯〔祐〕。後作法炬譯〔開〕。
〇六三〇　羅雲忍辱經　一卷。　失譯〔祐〕。後作法炬譯〔開〕。今附西晉錄。
〇六三一　十二因緣經　一卷。　西晉竺法護譯〔祐〕。後誤支謙譯。題改爲貝多樹下思惟十二因緣經〔開〕。
|〇六三二　緣起聖道經　一卷。　唐玄奘譯〔泰〕。貞觀二十三年（六四九）出。勘同十二因緣經〔開〕。
|〇六三三　舊城喻經　一卷。　宋法賢譯。咸平元年（九九八）出〔祥〕。今勘同十二因緣經。
〇六三四　分別緣生經　一卷。　宋法天譯。咸平三年（一〇〇〇）出〔祥〕。
〇六三五　十二緣生祥瑞經　二卷。　宋施護譯。雍熙三年（九八六）出〔祥〕。

○六三六　阿難問事佛吉凶經　一卷。　失譯〔祐〕。後誤安世高譯〔開〕。

○六三七　慢法經　一卷。　失譯〔祐〕。後作法炬譯〔開〕。

○六三八　阿難分別經　一卷。　乞伏秦法堅譯〔經〕。後誤題阿難問事佛吉凶經〔開〕。

○六三九　分別經　一卷。　失譯〔祐〕。後誤竺法護譯〔開〕。

○六四○　身毛喜豎經　三卷。　宋惟淨法護共譯。天聖元年（一○二三）出〔景〕。

○六四一　分別善惡所起經　一卷。　失譯〔祐〕。後誤安世高譯〔開〕。

○六四二　五道輪轉罪福報應經　一卷。　失譯〔祐〕。後作求那跋陀羅譯〔開〕。

○六四三　較量壽命經　一卷。　宋天息災譯。雍熙元年（九八四）出〔祥〕。

○六四四　見正經　一卷。　失譯。原題生死變化經〔祐〕。後作竺曇無蘭譯〔開〕。
今附西晉錄。

○六四五　罵意經　一卷。　失譯〔祐〕。後誤安世高譯〔開〕。

○六四六　猘狗經　一卷。　失譯〔祐〕。後誤支謙譯〔開〕。

○六四七　十八泥犁經　一卷。　失譯〔祐〕。後誤安世高譯〔開〕。

○六四八　父母恩難報經　一卷。　失譯〔祐〕。後誤安世高譯〔開〕。

○六四九　孝子報恩經　一卷。　失譯〔祐〕。附西晉錄〔開〕。

○六五〇　進學經　一卷。　失譯〔祐〕。後作沮渠京聲譯〔開〕。今附西晉錄。

○六五一　自愛經　一卷。　失譯〔祐〕。後作竺曇無蘭譯〔開〕。

○六五二　嗟韈曩法天子受三歸依穫免惡道經　一卷。　宋施護譯。雍熙元年（九八四）出〔祥〕。後誤法天譯〔宋〕。

○六五三　無垢優婆夷經　一卷。　元魏瞿曇般若流支譯。興和四年（五四二）出〔房〕。

○六五四　出家功德經　一卷。　失譯。附三秦錄〔開〕。先作支謙譯〔經〕。

○六五五　灌頂王喻經　一卷。　宋施護譯。大中祥符三年（一〇一〇）出〔祥〕。

○六五六　佛爲海龍王説法印經　一卷。　唐義淨譯。景雲二年（七一一）出〔開〕。

○六五七　四願經　一卷。　吳支謙譯〔祐〕。

○六五八　四自侵經　一卷。　西晉竺法護譯〔祐〕。

○六五九　阿難四事經　一卷。　吳支謙譯〔祐〕。

○六六○　蓱沙王五願經　一卷。　失譯〔祐〕。後誤支謙譯〔開〕。原題弗迦沙王經〔祐〕。今附西晉録。

○六六一　五王經　一卷。　失譯〔經〕。附東晉録〔開〕。

○六六二　阿闍世王問五逆經　一卷。　失譯〔祐〕。後作法炬譯〔開〕。

○六六三　五無反復經　一卷。　失譯〔祐〕。後作沮渠京聲譯〔開〕。今附西晉録。

○六六四　賢者五福經　一卷。　失譯〔祐〕。後作白法祖譯〔開〕。後題福下有德字〔宋〕。

○六六五　五苦章句經　一卷。　失譯〔祐〕。後作竺曇無蘭譯〔開〕今附西晉録。

○六六六　五恐怖世經　一卷。　失譯〔祐〕。後作沮渠京聲譯〔開〕。今附西晉録。

〇六六七　阿難七夢經　一卷。　失譯〔祐〕。後作竺曇無蘭譯〔開〕。今附西晉録。
〇六六八　八師經　一卷。　吴支謙譯〔祐〕。
〇六六九　八大人覺章經　一卷。　失譯〔經〕。後誤安世高譯〔周〕。
〇六七〇　九橫經　一卷。　後漢安世高譯〔祐〕。
〇六七一　十二品生死經　一卷。　失譯〔祐〕。後作求那跋陀羅譯〔開〕。
〇六七二　十二头陀經　一卷。　失譯〔祐〕。後作求那跋陀羅譯〔開〕。
〇六七三　布施經　一卷。　宋法賢譯。端拱二年（九八九）出〔祥〕。
〇六七四　頗多和多耆經　一卷。　失譯〔祐〕。附西晉録〔開〕。
〇六七五　温室洗浴衆僧經　一卷。　西晉竺法護譯〔祐〕。後誤安世高譯〔開〕。
〇六七六　諫王經　一卷。　失譯〔祐〕。後作沮渠京聲譯〔開〕。今附西晉録。
一〇六七七　如來示教勝軍王經　一卷。　唐玄奘譯〔泰〕。貞觀二十三年（六四九）出〔開〕。勘同諫王經〔泰〕。

一〇六七八　佛爲勝光天子説王法經　一卷。　唐義淨譯。神龍元年（七〇五）出。
勘同諫王經〔開〕。
一〇六七九　勝軍王所問經　一卷。　宋施護譯。咸平五年（一〇〇二）出〔祥〕。
今勘同諫王經。
〇六八〇　佛爲優塡王説王法政論經　一卷。　唐不空譯〔貞〕。
〇六八一　梵摩難王經　一卷。　失譯〔祐〕。附西晉錄〔開〕。
〇六八二　未生怨經　一卷。　失譯〔祐〕。後誤支謙譯〔開〕。今附西晉錄。
〇六八三　黑氏梵志經　一卷。　失譯〔祐〕。後誤支謙譯〔開〕。今附西晉錄。
〇六八四　長爪梵志請問經　一卷。　唐義淨譯。久視元年（七〇〇）出〔開〕。
〇六八五　婦人遇辜經　一卷。　乞伏秦法堅譯〔經〕。先失譯〔祐〕。
〇六八六　龍王兄弟經　一卷。　失譯〔經〕。後誤支謙譯〔開〕。
〇六八七　盂蘭盆經　一卷。　失譯〔祐〕。後誤竺法護譯〔開〕。
〇六八八　摩訶迦葉度貧母經　一卷。　失譯〔祐〕。後作求那跋陀羅譯〔開〕。

律藏　總二一〇部　八七九卷

律部　部卷同上

〇六八九　菩薩戒本　一卷。　北凉曇無讖譯〔祐〕。

―〇六九〇　菩薩戒本　一卷。　唐玄奘譯。貞觀二十三年（六四九）出。勘同凉譯戒本〔開〕。

〇六九一　菩薩戒羯磨文　一卷。　唐玄奘譯〔泰〕。貞觀二十三年（六四九）出〔開〕。

〇六九二　受十善戒經　一卷。　失譯〔祐〕。附後漢録〔房〕。

〇六九三　十善業道經　一經。　唐實叉難陀譯〔開〕。

〇六九四　佛爲娑迦羅龍王所說大乘經　一卷。　宋施護譯。雍熙四年（九八七）出〔祥〕。

○六九五　優婆塞戒經　七卷。北凉曇無讖譯〔祐〕。玄始十五年（四二六）出〔開〕。題末經字依經錄加。

○六九六　優婆塞五戒威儀經　二卷。失譯〔祐〕。今合爲一部。原分五戒經威儀經兩種。後誤求那跋摩譯〔開〕。

○六九七　優婆塞五戒相　一卷。劉宋求那跋摩譯〔祐〕。元嘉八年（四三一）出〔房〕。後題末有經字〔開〕。

○六九八　菩薩受齋經　一卷。失譯〔祐〕。後誤聶道真譯〔開〕。

○六九九　正恭敬經　一卷。元魏佛陀扇多譯〔經〕。元象二年（五三九）出〔房〕。

｜○七○○　善恭敬師經　一卷。隋闍那崛多等譯。開皇六年（五八六）出〔房〕。勘同正恭敬經〔仁〕。

○七○一　文殊悔過經　一卷。西晉竺法護譯〔祐〕。

○七○二　三曼陀颰陀羅菩薩經　一卷。失譯〔祐〕。後誤聶道真譯〔開〕。

〇七〇三　淨業障經　一卷。　失譯〔祐〕。附秦錄〔開〕。

〇七〇四　菩薩藏經　一卷。　梁僧伽婆羅譯〔經〕。

〇七〇五　舍利弗悔過經　一卷。　西晉竺法護譯〔祐〕。後誤安世高譯〔開〕。

〇七〇六　大乘三聚懺悔經　一卷。　隋闍那崛多及笈多等譯〔泰〕。

〇七〇七　菩薩懺悔法　一卷。　失譯〔祐〕。附梁錄〔開〕。或題菩薩五法懺悔文〔泰〕。

〇七〇八　大乘戒經　一卷。　宋施護譯。淳化二年（九九一）出〔祥〕。

〇七〇九　八種長養功德經　一卷。　宋惟淨法護共譯。天禧三年至天聖元年（一〇一九—一〇二三）出〔景〕。

〇七一〇　迦葉禁戒經　一卷。　失譯〔祐〕。後作沮渠京聲譯〔開〕。今附西晉錄。

〇七一一　菩薩善戒經　一卷。　劉宋求那跋摩譯〔祐〕。原與宗經論部菩薩善戒經合爲一部。今依開錄別行。

○七一二　菩薩內戒經　一卷。失譯〔祐〕。後誤求那跋摩譯〔周〕。

○七一三　佛藏經　三卷。姚秦鳩摩羅什譯〔祐〕。弘始七年(四〇五)出〔房〕。

○七一四　文殊師利問經　二卷。梁僧伽婆羅譯。天監十七年(五一八)出〔房〕。先失譯〔經〕。

—○七一五　文殊問字母品　一卷。唐不空譯〔貞〕。今勘出文殊問經。

○七一六　文殊師利淨律經　一卷。西晉竺法護譯。太康十年(二八九)出〔祐〕。

—○七一七　清淨毘尼方廣經　一卷。失譯。先作竺法護譯〔經〕。後誤鳩摩羅什譯〔周〕。勘同文殊淨律經〔經〕。

—○七一八　寂調音所問經　一卷。劉宋法海譯〔房〕。先失譯〔祐〕。勘同文殊淨律經〔經〕。

—○七一九　清淨毘奈耶最上大乘經　二卷。宋智吉祥等譯。勘同文殊淨律經〔至〕。原三卷，今缺下卷。

○七二〇　十誦比丘戒本　一卷。姚秦鳩摩羅什譯〔祐〕。

〇七二一　十誦律　六一卷。　姚秦鳩摩羅什譯〔祐〕。弘始六年至十五年（四〇四—四一三）出〔房〕。與弗若多羅曇摩流支共譯。原五八卷，後卑摩羅叉校訂爲六一卷〔祐〕。或誤後三卷爲卑摩羅叉補譯〔開〕。

〇七二二　大沙門羯磨　一卷。　失譯〔祐〕。附劉宋錄。題名大沙門百一羯磨法〔開〕。

〇七二三　鼻奈耶　一〇卷。　苻秦竺佛念譯〔經〕。建元十四年（三七八）出〔開〕。

〇七二四　摩得勒伽經　一〇卷。　劉宋僧伽跋摩譯。元嘉十二年（四三五）出〔祐〕。或題首有薩婆多部毘尼六字〔宋〕。

〇七二五　薩婆多毘尼毘婆沙　八卷。　失譯〔經〕。附秦錄〔開〕。

〇七二六　曇無德戒本　一卷。　姚秦佛陀耶舍譯〔祐〕。後題四分僧戒本〔開〕。

〇七二七　曇無德律　六〇卷。　姚秦佛陀耶舍譯。弘始十二年至十四年（四一〇—一二）出〔祐〕。後題四分律〔開〕。原四五卷，後開爲六〇卷。

○七二八　曇無德羯磨　一卷。　從曇無德律抄出。舊誤曹魏曇諦譯〔經〕。

○七二九　曇無德雜羯磨　二卷。　從曇無德律抄出。舊誤康僧鎧譯〔開〕。次卷尼羯磨舊別行，今合爲一部。或題德下有律部二字〔宋〕。

○七三○　毘尼母　八卷。　失譯〔經〕。附秦録。題末加經字〔開〕。

○七三一　彌沙塞比丘戒本　一卷。　劉宋佛馱什譯。景平元年（四二三）出〔祐〕。後題比丘作五分〔宋〕。

○七三二　彌沙塞律　三四卷。　劉宋佛馱什譯。景平元年（四二三）出〔祐〕。後作五分律〔開〕。

○七三三　根本説一切有部戒經　一卷。　唐義淨譯。景龍四年（七一○）出〔開〕。

○七三四　根本説一切有部苾芻尼戒經　一卷。　唐義淨譯。景龍四年（七一○）出〔開〕。

○七三五　根本説一切有部毘奈耶　五○卷。　唐義淨譯。長安三年（七○三）出〔開〕。

○七三六　根本説一切有部苾芻尼毘奈耶　二○卷。　唐義淨譯。景龍四年（七一○）出〔開〕。

○七三七　根本説一切有部毘奈耶出家事　四卷。　原五卷，缺一卷。唐義淨譯。大周證聖元年至唐景雲二年（六九五—七一一）出〔貞〕。下六種并同。

○七三八　根本説一切有部毘奈耶随意事　一卷。

○七三九　根本説一切有部毘奈耶安居事　一卷。

○七四○　根本説一切有部毘奈耶皮革事　二卷。

○七四一　根本説一切有部毘奈耶藥事　一八卷。　原二○卷，缺二卷。

○七四二　根本説一切有部毘奈耶羯耻那事　一卷。

○七四三　根本説一切有部毘奈耶破僧事　二○卷。

○七四四　根本説一切有部毘奈耶雜事　四○卷。　唐義淨譯。景龍四年（七一○）出〔開〕。

○七四五　根本説一切有部毘奈耶雜事攝頌　一卷。　唐義淨譯。景龍四年（七一〇）出〔開〕。

○七四六　根本説一切有部尼陀那目得迦　一〇卷。　唐義淨譯。長安三年（七〇三）出〔開〕。

○七四七　根本説一切有部尼陀那目得迦攝頌　一卷。　唐義淨譯。景龍四年（七一〇）出〔開〕。

○七四八　根本説一切有部百一羯磨　一〇卷。　唐義淨譯。長安三年（七〇三）出〔開〕。

○七四九　根本説一切有部毘奈耶頌　五卷。　毘舍佉造。唐義淨譯。景龍四年（七一〇）出〔開〕。

○七五〇　根本薩婆多部律攝　一四卷。　勝友集。唐義淨譯。久視元年（七〇〇）出〔開〕。

○七五一　僧祇比丘戒本　一卷。　東晉法顯共佛馱跋陀譯〔祐〕。後題摩訶僧祇律大比丘戒本〔宋〕。

○七五二　僧祇尼戒本　一卷。　東晉法顯共佛馱跋陀譯〔房〕。後題摩訶僧祇比丘尼戒本〔宋〕。

○七五三　摩訶僧祇律　四〇卷。　東晉法顯共佛馱跋陀譯〔祐〕。義熙十二年（四一六）出〔房〕。

○七五四　解脱戒本　一卷。　元魏瞿曇般若流支譯〔經〕。武定元年（五四三）出〔開〕。後題解脱戒經　又註出迦葉維部五字〔宋〕。

○七五五　善見律毘婆沙　一八卷。　蕭齊僧伽跋陀羅譯。永明七年（四八九）出〔祐〕。原題律字置後，今依經録改正。

○七五六　律二十二明了論　一卷。〔覺護造〕。陳真諦譯〔經〕。光大二年（五六八）出〔開〕。題初四字依房録加。

○七五七　佛阿毘曇經　二卷。　陳真諦譯〔房〕。

○七五八　苾芻五法經　一卷。　宋法天譯。雍熙三年（九八六）出〔祥〕。

○七五九　苾芻迦尸迦十法經　一卷。宋法天譯。雍熙三年（九八六）出〔祥〕。

○七六○　大比丘威儀經　二卷。失譯〔祐〕。後誤安世高譯。題名大比丘三千威儀經〔開〕。今附秦録。

○七六一　大愛道比丘尼經　二卷。失譯。附涼録〔祐〕。

○七六二　沙彌威儀　一卷。失譯〔祐〕。後作求那跋摩譯〔經〕。

○七六三　沙彌離威儀　一卷。失譯〔祐〕。附東晉録〔開〕。後題沙彌十戒并威儀〔泰〕。

○七六四　沙彌十戒儀則經　一卷。宋施護譯。雍熙三年（九八六）出〔祥〕。

○七六五　沙彌離戒　一卷。失譯〔祐〕。附東晉録〔開〕。後題沙彌尼離戒文〔開〕。

○七六六　沙彌尼戒經　一卷。失譯〔祐〕。附後漢録〔房〕。題中經字依經録加。

○七六七　戒消災經　一卷。失譯〔祐〕。後作支謙譯〔開〕。

〇七六八　出家緣經　一卷。　失譯〔祐〕。後誤安世高譯〔開〕。
〇七六九　犯戒罪報輕重經　一卷。　失譯〔祐〕。後誤安世高譯〔開〕。
〇七七〇　舍利弗問經　一卷。　失譯〔經〕。附東晉録〔開〕。
〇七七一　優波離問佛經　一卷。　失譯〔祐〕。附東晉録〔內〕。後誤求那跋摩譯〔宋〕。
〇七七二　目連所問經　一卷。　宋法天譯。雍熙三年（九八六）出〔祥〕。
〇七七三　五百問事經　一卷。　失譯。附東晉録〔開〕。
〇七七四　時非時經　一卷。　失譯。後作若羅嚴譯。附西晉録〔開〕。
〇七七五　錫杖經　一卷。　失譯〔經〕。附東晉録。題上有得道梯橙四字〔開〕。
〇七七六　迦葉結經　一卷。　西晉竺法護譯〔祐〕。後誤安世高譯〔開〕。
〇七七七　撰集三藏及雜藏傳　一卷。　失譯〔經〕。附東晉録〔開〕。
〇七七八　佛臨涅槃記法住經　一卷。　唐玄奘譯〔泰〕。永徽三年（六五二）出〔開〕。

○七七九 當來變經 一卷。 西晉竺法護譯〔祐〕。

○七八○ 法滅盡經 一卷。 失譯〔祐〕。

○七八一 迦旃延說法沒盡偈百二十章。 一卷。 失譯〔祐〕。附西晉錄〔開〕。
原題迦旃偈〔祐〕。後題佛使比丘迦旃延說法沒盡偈〔宋〕。

○七八二 迦丁比丘說當來變經 一卷。 失譯〔祐〕。附劉宋錄〔開〕。原題迦
丁比丘經，今依經錄改正。

○七八三 大阿羅漢難提密多羅所說法住記 一卷。 唐玄奘譯〔泰〕。永徽五年
（六五四）出〔開〕。原題無所說二字，今依圖紀改正。

○七八四 請賓頭盧法 一卷。 失譯〔祐〕。後作慧簡譯〔開〕。

○七八五 六度集經 九卷。 吳康僧會譯〔祐〕。太元二年（二五二）出〔圖〕。

—○七八六 大意經 一卷。 失譯〔祐〕。後作求那跋陀羅譯〔開〕。今勘出六度集
經第一卷。

—○七八七 長壽王經 一卷。 失譯〔祐〕。附西晉錄〔開〕。今勘出六度集經第

一卷。

一〇七八八　太子須大拏經　一卷。　乞伏秦法堅譯〔房〕。先失譯〔祐〕。勘同六度集經第二卷。

一〇七八九　頂生王因緣經　六卷。　宋施護法護惟淨同譯。大中祥符九年至天禧元年（一〇一六—七）出〔景〕。今勘出六度集經第二卷。

一〇七九〇　菩薩睒經　一卷。　失譯〔祐〕。附西晉録。勘同六度集經第二卷〔開〕。

一〇七九一　睒子經　一卷。　乞伏秦法堅譯〔經〕。勘同六度集經第二卷〔開〕。原題孝子睒經〔祐〕。

一〇七九二　太子慕魄經　一卷。　西晉竺法護譯〔祐〕。勘出六度集經第四卷〔開〕。後題墓魄〔宋〕。

一〇七九三　太子墓魄經　一卷。　失譯〔經〕。後作安世高譯〔房〕。勘出六度集經第四卷。題名作慕魄〔開〕。

一〇七九四　九色鹿經　一卷。　失譯〔祐〕。後誤支謙譯〔周〕。勘出六度集經第六卷〔開〕。今附西晉録。勘同集經。
〇七九五　未曾有因緣經　二卷。　蕭齊曇景譯〔經〕。先失譯〔祐〕。
〇七九六　月光菩薩經　一卷。　宋法賢譯。端拱二年（九八九）出〔祥〕。
〇七九七　除恐災患經　一卷。　乞伏秦法堅譯〔開〕。
〇七九八　金色王經　一卷。　元魏瞿曇般若流支譯。興和四年（五四二）出〔房〕。
先作留支譯〔經〕。
〇七九九　妙色王因緣經　一卷。　唐義淨譯。大足元年（七〇一）出〔開〕。
〇八〇〇　菩薩投身餓虎起塔因緣經　一卷。　北凉法盛譯〔開〕。先失譯。題以
身施餓虎經〔祐〕。
〇八〇一　德光太子經　一卷。　西晉竺法護譯。太始六年（二七〇）出〔祐〕。
〇八〇二　金光玉童子經　一卷。　宋法賢譯。端拱二年（九八九）出〔祥〕。
〇八〇三　孛經抄　一卷。　吴支謙譯〔祐〕。
〇八〇四　過去佛分衛經　一卷。　西晉竺法護譯〔祐〕。

〇八〇五　一切智光明僊人慈心因緣不食肉經　一卷。　失譯〔經〕。附秦録〔開〕。
〇八〇六　前三世轉經　一卷。　失譯〔祐〕。後作法炬譯〔開〕。
一〇八〇七　銀色女經　一卷。　失譯〔經〕。後誤佛陀扇多譯〔開〕。勘同前世三
轉經〔經〕。
〇八〇八　鹿母經　一卷。　西晉竺法護譯〔祐〕。
〇八〇九　生經　五卷。　西晉竺法護譯〔祐〕。太康六年（二八五）出〔房〕。
〇八一〇　大方便報恩經　七卷。　失譯〔祐〕。附後漢録。便下有佛字〔開〕。
〇八一一　菩薩本行經　三卷。　失譯〔經〕。附東晉録〔開〕。
〇八一二　興起行經　二卷。　失譯〔祐〕。後誤康孟祥譯〔開〕。
〇八一三　異出菩薩本起經　一卷。　失譯〔祐〕。後誤聶道真譯〔開〕。
〇八一四　中本起經　二卷。　後漢康孟祥譯〔祐〕。曇果同譯。建安十二年（二
〇七）出〔房〕。
〇八一五　惟日雜難經　一卷。　失譯〔祐〕。後作支謙譯〔開〕。

○八一六　修行本起經　二卷。　後漢曇果竺大力共譯〔經〕。先失譯〔祐〕。建安二年（一九七）出〔房〕。

—○八一七　瑞應本起經　二卷。　吳支謙譯〔祐〕。勘同修行本起經〔經〕。後題首有太子二字〔開〕。

—○八一八　過去現在因果經　四卷。　劉宋求那跋陀羅譯〔祐〕。勘同修行本起經〔經〕。

○八一九　十二游經　一卷。　東晉迦留陀伽譯。太元十七年（三九二）出〔房〕。先失譯〔祐〕。

○八二○　初分説經　二卷。　宋施護譯。大中祥符二年（一○○九）出〔祥〕。

○八二一　普曜經　八卷。　西晉竺法護譯。永嘉二年（三○八）出〔祐〕。

—○八二二　方廣大莊嚴經　一二卷。　唐地婆訶羅譯。垂拱元年（六八五）出〔周〕。勘同普曜經〔開〕。

○八二三　衆許摩訶帝經　一三卷。　宋法賢譯。端拱二年（九八九）出〔祥〕。

○八二四　佛本行集經　六○卷。隋闍那崛多等譯。開皇七年至十二年（五八七—五九二）出〔房〕。

○八二五　自誓三昧經　一卷。西晉竺法護譯〔祐〕。後誤安世高譯〔開〕。

—○八二六　獨證自誓三昧經　一卷。西晉竺法護譯〔祐〕。勘同自誓三昧經〔開〕。

○八二七　淨飯王般涅槃經　一卷。劉宋沮渠京聲譯〔經〕。

○八二八　佛昇忉利天品經　二卷。西晉竺法護譯〔祐〕。或題佛昇忉利天爲母説法經〔經〕。

—○八二九　道神足無極變化經　四卷。西晉安法欽譯〔經〕，先失譯〔祐〕。勘同佛昇忉利天品經〔經〕。

○八三○　菩薩本源集　四卷。僧伽斯那撰。吳支謙譯〔經〕。後題集作經〔開〕。

○八三一　佛本行經　五卷。〔馬鳴撰〕。北凉曇無讖譯〔房〕。先失譯〔祐〕。後題佛所行贊〔開〕。

一〇八三二　佛所行贊　五卷。　馬鳴撰。劉宋寶雲譯〔祐〕。後題贊下有傳字。勘同佛本行經〔開〕。

〇八三三　僧伽羅刹集經　三卷。　苻秦僧伽跋澄譯。建元二十年（三八四）出〔祐〕。後題末作所集經〔開〕。

〇八三四　菩薩本生鬘論　一六卷。　聖勇寂變聖天等造。宋沙門紹德等譯〔至〕。原與慧詢同譯。

〇八三五　五百弟子自說本起經　一卷。　西晉竺法護譯〔祐〕。太安二年（三〇三）出〔房〕。

〇八三六　辟支佛因緣論　二卷。　失譯〔經〕。附秦錄〔開〕。

〇八三七　僧護因緣經　一卷。　失譯〔經〕。附東晉錄〔開〕。或題因緣僧護經〔宋〕。

〇八三八　沙曷比丘功德經　一卷。　失譯〔祐〕。後作法炬譯〔開〕。

〇八三九　大自在天子因地經　一卷。　宋施護譯。雍熙四年（九八七）出〔祥〕。

〇八四〇　太子辟羅經　一卷。　失譯。附秦録〔祐〕。
〇八四一　普達王經　一卷。　失譯〔祐〕。附西晉録〔開〕。
〇八四二　末羅王經　一卷。　失譯〔祐〕。後作沮渠京聲譯〔開〕。今附西晉録。
〇八四三　摩達王經　一卷。　失譯〔祐〕。後作沮渠京聲譯〔開〕。或題王前有國字〔仁〕。今附西晉録。
〇八四四　旃陀越國王經　一卷。　失譯〔祐〕。後作沮渠京聲譯〔開〕。今附西晉録。
〇八四五　犍陀越國王經　一卷。　失譯〔祐〕。後誤安世高譯〔開〕。
〇八四六　師子素駄娑王斷肉經　一卷。　唐智嚴譯。開元九年(七二一)出〔開〕。
〇八四七　福力太子因緣經　四卷。　宋施護法護惟淨同譯。大中祥符八年（一〇一五）出〔景〕。
〇八四八　須摩提長者經　一卷。　失譯〔經〕。後誤支謙譯〔開〕。

〇八四九　盧志長者經　一卷。　失譯〔經〕。附東晉録。題末經前有因緣二字〔開〕。

〇八五〇　耶祇經　一卷。　失譯〔祐〕。後作沮渠京聲譯〔開〕。今附西晉録。

〇八五一　長者音悅經　一卷。　失譯〔祐〕。後誤支謙譯〔開〕。今附西晉録。

〇八五二　貧窮老公經　一卷。　失譯〔祐〕。後作慧簡譯〔開〕。

〇八五三　越難經　一卷。　失譯〔祐〕。後誤聶承遠譯〔開〕。

〇八五四　阿鳩留經　一卷。　失譯〔祐〕。附後漢録〔開〕。

〇八五五　梵志孫多耶致經　一卷。　失譯〔祐〕。後誤支謙譯。題略梵志二字〔開〕。今附西晉録。

〇八五六　呵鵰阿那含經　一卷。　失譯〔祐〕。後作竺曇無蘭譯〔開〕。

〇八五七　燈指因緣經　一卷。　失譯〔經〕。後作鳩摩羅什譯〔開〕。

〇八五八　光明童子因緣經　四卷。　宋施護譯。景德四年（一〇〇七）出〔祥〕。

〇八五九　金色童子因緣經　一二卷。　宋惟淨法護同譯。天聖八年至明道元年（一〇三〇—二）出〔景〕。

〇八六〇 五母子經 一卷。失譯〔祐〕。後誤支謙譯〔開〕。今附西晉録。

一〇八六一 沙彌羅經 一卷。失譯。附秦録〔祐〕。勘同五母子經〔經〕。

一〇八六二 佛大僧大經 一卷。失譯〔祐〕。後作沮渠京聲譯〔開〕。今附西晉録。

〇八六三 老女人經 一卷。吳支謙譯〔祐〕。

一〇八六四 老母經 一卷。失譯〔祐〕。附劉宋録。勘同老女人經〔開〕。

一〇八六五 老母女英經 一卷。失譯。勘同老女人經〔經〕。後誤求那跋陀羅譯。
題母下有女字〔開〕。

〇八六六 奈女耆域經 一卷。西晉竺法護譯〔經〕。後誤安世高譯。題末經前
有因緣二字〔開〕。

〇八六七 摩登伽經 二卷。失譯〔經〕。後誤竺律炎等譯〔周〕。

一〇八六八 舍頭諫經 一卷。西晉竺法護譯。勘同摩登伽經〔經〕。後題太子二
十八宿經〔宋〕。

一〇八六九　摩登女經　一卷。失譯〔祐〕。後誤安世高譯〔開〕。勘同摩登伽經別品〔經〕。

一〇八七〇　摩登女解形中六事經　一卷。失譯〔經〕。附東晉録〔開〕。勘同摩登伽經〔經〕。

〇八七一　鬼子母經　一卷。失譯〔祐〕。附西晉録〔開〕。

〇八七二　懈怠耕者經　一卷。失譯〔祐〕。後作慧簡譯〔開〕。

〇八七三　師子月佛本生經　一卷。失譯〔經〕。附三秦録〔開〕。

〇八七四　犢子經　一卷。失譯〔祐〕。後誤支謙譯〔周〕。

一〇八七五　乳光佛經　一卷。西晉竺法護譯〔祐〕。勘同犢子經〔經〕。題中佛字依經録加。

〇八七六　栴檀樹經　一卷。失譯〔祐〕。附後漢録〔開〕。

〇八七七　護淨經　一卷。失譯〔經〕。附東晉録〔開〕。

〇八七八　鬼問目連經　一卷。失譯〔經〕。後誤安世高譯〔開〕。

一〇八七九　雜藏經　一卷。　東晉法顯共佛馱跋陀譯〔祐〕。勘同鬼問目連經〔經〕。

一〇八八〇　餓鬼報應經　一卷。　失譯〔經〕。附東晉録〔開〕。勘同鬼問目連經〔經〕。

〇八八一　大莊嚴論經　一五卷。　馬鳴撰。姚秦鳩摩羅什譯〔經〕。原題論，今依開録改。

〇八八二　雜寶藏經　八卷。　元魏吉迦夜共曇曜譯。延興二年（四七二）出〔祐〕。原一三卷，殘。

〇八八三　撰集百縁經　七卷。　吳支謙譯〔經〕。題末經字依仁録加。

〇八八四　賢愚經　一五卷。　元魏慧覺等譯。太平真君六年（四四五）出〔圖〕。先作曇覺威德合譯〔祐〕。

〇八八五　阿育王經　五卷。　西晉安法欽譯。光熙年出。題首有大字〔房〕。後誤僧伽婆羅譯〔開〕。

一〇八八六　阿育王傳　七卷。　梁僧伽婆羅譯。原五卷〔經〕。天監十一年（五一二）出〔房〕。後誤安法欽譯。勘同阿育王經〔開〕。

〇八八七　無忧王經　一卷。　劉宋求那跋陀羅譯〔祐〕。

〇八八八　阿育王譬喻經　一卷。　失譯。附東晉録〔開〕。或題首加天尊説三字〔宋〕。

〇八八九　阿育王息壞目因緣經　一卷。　苻秦曇摩難提譯。建初二年（三八七）出〔房〕。先作竺佛念譯〔祐〕。

〇八九〇　舊雜譬喻經　二卷。　失譯〔祐〕。後作吳康僧會譯〔經〕。

〇八九一　雜譬喻經　一卷。　失譯〔祐〕。後誤支婁迦讖譯〔開〕。

〇八九二　雜譬喻經　二卷。　失譯〔祐〕。附後漢録〔房〕。

〇八九三　雜譬喻經　一卷。　道略集。姚秦鳩摩羅什譯〔祐〕。弘始七年（四〇五）出〔房〕。

〇八九四　百句譬喻經　五卷。　〔僧伽斯那撰〕。蕭齊求那毗地譯。永明十年（四九二）出〔祐〕。後題百喻經〔開〕。

○八九五　三慧經　一卷。　失譯。附涼錄〔祐〕。

○八九六　無明羅刹喻集　二卷。　失譯〔經〕。附秦錄。題名略喻字〔開〕。

○八九七　勝軍化世百喻伽陀經　一卷。　宋天息災譯。雍熙二年（九八五）出〔祥〕。

○八九八　迦葉仙人説醫女人經　一卷。　宋法賢譯。至道元年（九九五）出〔祥〕。

論藏　總一九六部　一三九四卷

釋經論部　二九部　二〇六卷

○八九九　無量壽經論　一卷。　〔婆藪盤豆造〕。元魏菩提留支譯〔經〕。普泰元年（五三一）出〔房〕。或題末論字作優波提舍願生偈〔宋〕。

○九〇〇　彌勒菩薩所問經論　一〇卷。　元魏菩提留支譯〔房〕。

○九○一　寶積經論　四卷。　元魏菩提留支譯〔經〕。後題首有大字〔開〕。

○九○二　寶髻菩薩四法經論　一卷。　天親造。元魏毘目智仙譯。興和三年（五四一）出〔開〕。先作菩提留支譯〔經〕。或題寶髻結四法優波提舍〔宋〕。

○九○三　大乘四法經解　一卷。　失譯。敦煌本〔日〕。

○九○四　文殊師利問菩提經論　二卷。　〔婆藪盤豆造〕。元魏菩提留支譯〔經〕。天平二年（五三五）出〔房〕。後題利下有菩薩二字〔開〕。

○九○五　勝思惟經論　三卷。　元魏菩提留支譯〔經〕。普泰元年（五三一）出〔房〕。後題勝思惟梵天所問經論〔開〕。

○九○六　三具足經論　一卷。　天親造。元魏毘目智仙譯。興和三年（五四一）出〔開〕。先作菩提留支譯〔經〕。或題三具足經優波提舍〔宋〕。

○九○七　緣生論　一卷。　〔鬱楞伽造〕。隋達磨笈多譯〔泰〕。大業十年（六一四）出〔周〕。

一〇九〇八　大乘緣生論　一卷。〔鬱楞伽造〕。唐不空譯〔貞〕。今勘同緣生論。

〇九〇九　佛地經論　七卷。〔親光等造〕。唐玄奘譯〔泰〕。貞觀二十三年（六四九）出〔開〕。

〇九一〇　十住毘婆沙論　一四卷。龍樹造。姚秦鳩摩羅什譯〔經〕。原題經論，今依房錄改正。

〇九一一　十地經論　一二卷。〔天親造〕。元魏勒那摩提菩提留支共譯〔經〕。

〇九一二　大智度論　一〇〇卷。龍樹造。姚秦鳩摩羅什譯。弘始四年至七年（四〇二—五）出〔祐〕。題中度字依經錄加。

〇九一三　佛母般若波羅密多圓集要義經　一卷。大域龍造。宋施護法護惟淨同譯。大中祥符四年（一〇一一）出〔祥〕。

〇九一四　佛母般若波羅密多圓集要義釋論　四卷。三寶尊造。宋施護法護惟淨同譯。大中祥符四年（一〇一一）出〔祥〕。

○九一五　能斷金剛般若波羅密多經論頌　一卷。　唐義淨譯。景雲二年（七一一）出〔開〕。今勘係彌勒説，舊誤無着造。

○九一六　金剛般若經論　三卷。〔天親造〕。元魏菩提留支譯〔經〕。永平二年（五〇九）出〔房〕。後題若下有波羅密三字〔開〕。

○九一七　能斷金剛般若波羅密多經論釋　三卷。　世親釋。唐義淨譯。景雲二年（七一一）出〔開〕。勘同金剛經論。

○九一八　金剛般若論　二卷。〔阿〕僧佉造。隋達摩笈多譯〔泰〕。大業九年（六一三）出〔周〕。

○九一九　金剛般若波羅密經破取着不壞假名論　二卷。〔功德施造〕。唐地婆訶羅譯。永淳二年（六八三）出〔周〕。

○九二〇　聖佛母般若波羅密多九頌精義論　二卷。〔勝德赤衣造〕。宋法護譯。天聖二年（一〇二四）出〔景〕。

○九二一　大涅槃經本有今無偈論　一卷。　陳真諦譯〔經〕。題中本有今無偈五字依仁録加。

○九二二　大涅槃經論　一卷。　達磨菩提譯〔仁〕。附元魏録〔内〕。或誤婆藪盤豆造，題作涅槃論〔開〕。

○九二三　法華經論　一卷。〔婆藪盤豆造〕。元魏勒那摩提譯。正始五年（五〇八）出〔房〕。或題妙法蓮華經優波提舍〔宋〕。

一〇九二四　法華經論　二卷。　元魏菩提留支譯〔經〕。勘同勒那摩提譯法華經論〔開〕。或題妙法蓮華經論優波提舍〔宋〕。

○九二五　轉法輪經論　一卷。　天親造。元魏毘目智仙譯。興和三年（五四一）出〔開〕。先作菩提留支譯〔經〕。或題轉法輪經優波提舍〔宋〕。

○九二六　分別功德論　五卷。　失譯。作迦葉阿難造〔祐〕。附後漢録〔房〕。原題稱經，今依仁録改正。

○九二七　出曜論　一九卷。　苻秦竺佛念譯〔祐〕。建元十年(三七四)出〔房〕。原題稱經。今依經録改正。

宗經論部　一六七部　一一八八卷

○九二八　中論　四卷。龍樹本、青目釋。姚秦鳩摩羅什譯。弘始十一年（四〇九）出〔祐〕。

○九二九　順中論　二卷。無著造。元魏瞿曇般若流支譯。武定元年（五四三）出〔開〕。先作菩提留支譯〔經〕。

○九三〇　大乘中觀釋論　一八卷。安慧造。宋惟淨法護共譯。天聖五年至八年（一〇二七—三〇）出〔景〕。

○九三一　般若燈論　一五卷。〔分別明造〕。唐波頗密多羅譯〔泰〕。貞觀四年至六年（六三〇—二）出。題末有釋字〔開〕。

○九三二　十二門論　一卷。龍樹造。姚秦鳩摩羅什譯。弘始十一年（六〇九）出〔祐〕。

○九三三　迴諍論　一卷。龍樹造。元魏毘目智仙譯。興和三年（五四一）出〔開〕。

先作瞿曇般若流支譯〔經〕。

〇九三四　六十頌如理論　一卷。　龍樹造。宋施護譯。景德四年（一〇〇七）出〔祥〕。

〇九三五　大乘二十頌論　一卷。　龍樹造。宋施護譯。大中祥符元年（一〇〇八）出〔祥〕。

〇九三六　壹輸盧迦論　一卷。　龍樹造。元魏瞿曇般若流支譯〔經〕。

〇九三七　福盖正行所集經　一二卷。　龍樹造。宋日稱等譯〔至〕。

〇九三八　龍樹爲禪陀迦王說法要偈　一卷。　劉宋求那跋摩譯〔仁〕。後題樹下有菩薩二字〔開〕。

一〇九三九　勸發諸王要偈　一卷。　龍樹造。劉宋僧伽跋摩譯〔祐〕。勘同爲禪陀迦王說偈〔開〕。

一〇九四〇　龍樹菩薩勸誡王頌　一卷。　唐義淨譯。勘同爲禪陀迦王說偈〔開〕。

〇九四一　百字論釋　一卷。〔提婆本〕。元魏菩提留支譯〔經〕。題中釋字今加。

○九四二　百論　二卷。〔題婆本，婆藪釋〕。姚秦鳩摩羅什譯。弘始六年（四〇四）出〔祐〕。

○九四三　廣百論本　一卷。〔聖天造〕。唐玄奘譯〔泰〕。永徽元年（六五〇）出〔開〕。

○九四四　廣百論釋　一〇卷。〔護法造〕。唐玄奘譯〔泰〕。永徽元年（六五〇）出〔開〕。原題無釋字。

○九四五　菩提資粮論　六卷。龍樹論本〔自在釋〕。隋達摩笈多譯〔泰〕。大業五年（六〇九）出〔周〕。

○九四六　入大乘論　二卷。堅意造。北涼道泰譯〔經〕。

○九四七　大乘破有論　一卷　龍樹造。宋施護譯。景德二年（一〇〇五）出〔祥〕。

○九四八　因緣心論頌並釋　一卷。龍樹造。失譯。敦煌本〔日〕。

〇九四九　破外道四宗論　一卷。　元魏菩提留支譯〔經〕。後誤提婆造〔開〕。或題破楞伽經中外道小乘四宗論〔宋〕。
〇九五〇　破外道涅槃論　一卷。　元魏菩提留支譯〔經〕。後誤提婆造〔開〕。或題破楞伽經中外道小乘涅槃論〔宋〕。
〇九五一　大丈夫論　二卷。提婆〔羅〕造。北凉道泰譯〔經〕。
〇九五二　發菩提心論　二卷。　失譯〔經〕。作者未詳。後誤天親造，羅什譯〔周〕。或題作經論〔宋〕。
〇九五三　寶行王正論　一卷。陳真諦譯〔經〕。
〇九五四　賓頭盧突羅闍爲優陀延王說法　一卷。　失譯〔經〕。後作求那跋陀羅譯。題末並有經字〔開〕。
〇九五五　分別業報略　一卷。　大勇造。劉宋僧伽跋摩譯〔祐〕。或題末有經字〔宋〕。
〇九五六　掌珍論　二卷。　〔清辨造〕。唐玄奘譯〔泰〕。貞觀二十三年（六四九）

出。題首有大乘二字〔開〕。

〇九五七　瑜伽師地論　一〇〇卷。〔彌勒説〕。唐玄奘譯〔泰〕。貞觀二十年至二十二年（六四六—八）出〔開〕。

—〇九五八　菩薩地持經　八卷。北凉曇無讖譯〔祐〕。勘出瑜伽論本地分中菩薩地〔開〕。

—〇九五九　菩薩善戒經　九卷。劉宋求那跋摩譯〔祐〕。勘同地持經〔開〕。原有十卷，今依開録別出首卷入律部單行。

—〇九六〇　决定藏論　三卷。梁真諦譯〔開〕。原失譯〔周〕。今勘出瑜伽論抉擇分。

—〇九六一　王法正理論　一卷。〔彌勒造〕。唐玄奘譯〔泰〕。貞觀二十三年（六四九）出〔開〕。今勘出瑜伽論抉擇分。

〇九六二　百法明門論　一卷。〔世親造〕。唐玄奘譯〔泰〕。貞觀二十二年（六四八）出。題首有大乘二字〔開〕。

〇九六三　瑜伽師地論釋　一卷。〔最勝子造〕。唐玄奘譯〔泰〕。永徽元年（六五〇）出〔開〕。
〇九六四　辯中邊論　一卷。〔彌勒造〕。唐玄奘譯〔泰〕。龍朔元年（六六一）出〔開〕。
〇九六五　中邊分別論　三卷。〔婆藪盤豆造〕。陳真諦譯〔經〕。分別二字依內録加。
一〇九六六　辯中邊論　三卷。〔世親造〕。唐玄奘譯〔泰〕。龍朔元年（六六一）出〔開〕。勘同陳譯中邊分別論〔泰〕。
〇九六七　十八空論　一卷。陳真諦譯〔仁〕。
〇九六八　大乘莊嚴經論　一三卷。〔無着造〕。唐波頗密多羅譯〔泰〕。貞觀四年至七年（六三〇—三）出〔開〕。題中經字依開録加。
〇九六九　顯揚聖教論頌　一卷。〔無着造〕。唐玄奘譯〔泰〕。貞觀十九年（六四五）出〔開〕。原題顯揚論頌本，今依圖紀改正。

○九七○　顯揚聖教論　二○卷。〔無着造〕。唐玄奘譯〔泰〕。貞觀十九年至二十年（六四五—六）出〔開〕。

○九七一　顯識論　一卷。失譯〔周〕。後作陳真諦譯〔開〕。

○九七二　三無性論　一卷。陳真諦譯〔經〕。

○九七三　大乘阿毘達磨集論　七卷。〔無着造〕。唐玄奘譯〔泰〕。永徽三年（六五二）出〔開〕。

○九七四　阿毘達磨雜集論　一六卷。〔安慧糅〕。唐玄奘譯〔泰〕。貞觀二十年（六四六）出。題首有大乘二字〔開〕。

○九七五　攝大乘本論　二卷。〔阿僧佉造〕。元魏佛陀扇多譯〔經〕。普泰元年（五三一）出〔房〕。後題略本字〔開〕。下同。

一○九七六　攝大乘本論　三卷。〔無着造〕。陳真諦譯。勘同魏譯攝論〔經〕。

一○九七七　攝大乘論本　三卷。〔無着造〕。唐玄奘譯〔泰〕。貞觀二十二年至二十三年（六四八—九）出〔開〕。勘同魏譯攝論〔泰〕。題末本字依開録加。

○九七八　攝大乘釋論　一五卷。〔婆藪盤豆造〕。陳真諦譯〔經〕。天嘉四年（五六三）出〔房〕。後題作論釋〔開〕。

一○九七九　攝大乘論釋論　一○卷。〔世親造〕。隋達磨笈多譯〔泰〕。大業五年（六○九）出〔周〕。勘同陳譯攝論〔泰〕。題末釋二字依開録加。

一○九八○　攝大乘論釋　一○卷。世親造。唐玄奘譯〔泰〕。貞觀二十二年至二十三年（六四八—九）出〔開〕。勘同陳譯攝論〔泰〕。原題釋論，今依内録改正。

○九八一　攝大乘論釋　一○卷。無性造。唐玄奘譯〔泰〕。貞觀二十一年至二十三年（六四七—九）出〔開〕。題末釋字依開録加。

○九八二　六門教授習定論　一卷。無着本，世親釋。唐義淨譯。長安三年（七○三）出〔開〕。

〇九八三　止觀門論頌　一卷。世親造。唐義淨譯。景雲二年（七一一）出〔開〕。

〇九八四　業成就論　一卷。天親造。元魏毘目智仙譯。興和三年（五四一）出〔開〕。先作瞿曇般若流支譯〔經〕。

一〇九八五　大乘成業論　一卷。〔世親造〕。唐玄奘譯〔泰〕。永徽二年（六五一）出〔開〕。勘同業成就論〔泰〕。

〇九八六　大乘五蘊論　一卷。〔世親造〕。唐玄奘譯〔泰〕。貞觀二十一年（六四七）出〔開〕。

〇九八七　大乘廣五蘊論　一卷。〔安慧造〕。唐地婆訶羅譯。垂拱元年（六八五）出〔周〕。殘。

〇九八八　唯識論　一卷。〔天親造〕。元魏菩提留支譯。先作瞿曇流支譯〔經〕。

一〇九八九　唯識論　一卷。〔天親造〕。陳　真諦譯。勘同魏譯唯識論〔經〕。後題首加大乘二字〔宋〕。

一〇九〇　唯識二十論　一卷。〔世親造〕。唐玄奘譯〔泰〕。龍朔元年（六六一）出〔開〕。勘同魏譯唯識論〔泰〕。

〇九九一　成唯識寶生論　五卷。護法造。唐義淨譯。景龍四年（七一〇）出〔開〕。殘。

〇九九二　唯識三十論　一卷。〔世親造〕。唐玄奘譯〔泰〕。貞觀二十二年（六四八）出〔開〕。後題末加頌字〔宋〕。

〇九九三　轉識論　一卷。失譯〔周〕。後作真諦譯〔開〕。

〇九九四　成唯識論　一〇卷。〔護法等造〕。唐玄奘譯〔泰〕。顯慶四年（六五九）出〔開〕。

〇九九五　究竟一乘寶性論　四卷。元魏勒那摩提譯〔房〕。

〇九九六　佛性論　四卷。陳真諦譯〔經〕。作者未詳，後題天親造〔開〕。

〇九九七　大乘法界無差別論　一卷。〔堅慧造〕。唐提雲般若譯。天授二年（六九一）出〔周〕。

〇九九八　法界無差別論　一卷。　失譯〔至〕。後誤提雲般若譯。又題首加大乘
二字〔宋〕。

〇九九九　思塵論　一卷。　〔陳那造〕。陳真諦譯〔仁〕。後題首有無相二字
〔開〕。

一〇〇〇　觀所緣論　一卷。　〔陳那造〕。唐玄奘譯〔泰〕。顯慶二年（六五七）
出〔開〕。勘同思塵論〔泰〕。後誤題觀所緣緣論〔開〕。

一〇〇一　觀所緣論釋　一卷。　護法造。唐義淨譯。景龍四年（七一〇）
出〔開〕。殘。

一〇〇二　解拳論　一卷。〔陳那造〕。陳真諦譯〔仁〕。後題拳作卷〔開〕。

一〇〇三　掌中論　一卷。陳那造。唐義淨譯。長安三年（七〇三）出。勘同解
拳論〔開〕。

一〇〇四　方便心論　一卷。　元魏吉迦夜共曇曜譯。延興二年（四七二）
出〔祐〕。

一〇〇五 如實論 二卷。 梁真諦〔經〕。太清四年（五五〇）出〔房〕。

一〇〇六 觀總相論頌 一卷。 陳那造。唐義淨譯。景雲二年（七一一）出〔開〕。殘。

一〇〇七 取因假設論 一卷。 陳那造。唐義淨譯。長安三年（七〇三）出〔開〕。

一〇〇八 因明正理門論 一卷。 陳那造。唐玄奘譯。貞觀二十三年（六四九）出。題末有本字〔開〕。

一〇〇九 因明正理門論釋 一卷。 唐義淨譯。景雲二年（七一一）出〔開〕。殘。題末釋字今加。

一〇一〇 因明入正理論 一卷。 〔商羯羅主造〕。唐玄奘譯〔泰〕。貞觀二十一年（六四七）出〔開〕。

一〇一一 菩提行經 四卷。 宋天息災譯。雍熙二年（九八五）出〔祥〕。勘是寂天造，誤龍樹造。

一〇一二　大乘集菩薩學論　二五卷。　宋日稱等譯〔至〕。勘是寂天造，譯誤法稱造。原與法護同譯。
一〇一三　尼乾子問無我義經　一卷。　馬鳴造。宋日稱等譯〔至〕。
一〇一四　六趣輪迴經　一卷　。馬鳴造。宋日稱等譯〔至〕。
一〇一五　十不善業道經　一卷。　馬鳴造。宋日稱等譯〔至〕。
一〇一六　十二因緣論　一卷。　〔淨意造〕。元魏菩提留支譯〔經〕。
一〇一七　六道伽陀經　一卷。　宋施護譯。雍熙元年（九八四）出〔祥〕。
一〇一八　金剛針論　一卷。　法稱造。宋法天譯。雍熙三年（九八六）出〔祥〕。
一〇一九　手杖論　一卷。　釋迦稱造。唐義淨譯。景雲二年（七一一）出〔開〕。
一〇二〇　集大乘相論　二卷。　覺吉祥造。宋施護　譯。景德三年（一〇〇六）出〔祥〕。
一〇二一　集諸法寶最上義論　二卷。　善寂造。宋施護譯。景德二年（一〇〇五）出〔祥〕。

一〇二二　大乘寶要義論　一〇卷。　宋惟淨法護共譯。天禧二年至三年（一〇一八—九）出〔景〕。

一〇二三　法集名數經　一卷。　宋施護譯。雍熙三年（九八六）出〔祥〕。

一〇二四　菩提心離相論　一卷。　宋施護譯。景德二年（一〇〇五）出〔祥〕。作者未詳，原譯誤龍樹造。

一〇二五　菩提心觀釋　一卷。　宋法天譯。淳化五年（九九四）出〔祥〕。

一〇二六　廣釋菩提心論　四卷。　蓮華戒造。宋施護譯。大中祥符二年（一〇〇九）出〔祥〕。

一〇二七　阿毘達磨法蘊足論　一二卷。〔大采菽氏造〕。唐玄奘譯〔泰〕。顯慶四年（六五九）出〔開〕。題初四字依開錄加。下同。

一〇二八　阿毘達磨集異門足論　二〇卷。〔舍利子說〕。唐玄奘譯〔泰〕。顯慶五年至龍朔三年（六六〇—三）出〔開〕。

一〇二九　衆事分阿毘曇　一二卷。　失譯〔祐〕。後作求那跋陀羅譯。題末有論字

〔開〕。

一〇三〇　阿毘達磨品類足論　一八卷。〔筏蘇蜜多羅造〕。唐玄奘譯〔泰〕。顯慶五年（六六〇）出。勘同衆事分〔開〕。題初四字依開録加。

一〇三一　阿毘曇五法行經　一卷。後漢安世高譯〔祐〕。今勘同衆事分初品。

一〇三二　五事毘婆沙論　二卷。〔法救造〕。唐玄奘譯〔圖〕。龍朔三年（六六三）出〔開〕。題中毘婆沙三字依開録加。譯文殘。

一〇三三　薩婆多宗五事論　一卷。唐法成譯。敦煌本。勘同五事論〔日〕。

一〇三四　阿毘達磨界身足論　三卷。〔筏蘇蜜多羅造〕唐玄奘譯〔泰〕。龍朔三年（六六三）出〔開〕。題初四字依開録加。次同。

一〇三五　阿毘達磨識身足論　一六卷。〔提婆設摩造〕。唐玄奘譯〔泰〕。貞觀二十三年（六四九）出〔開〕。

一〇三六　施設論　七卷。宋法護譯〔至〕。

一〇三七　立世阿毘曇論　一〇卷。　陳真諦譯〔經〕。永定三年（五五九）
出〔房〕。

一〇三八　婆須蜜集　一〇卷。　苻秦僧伽跋澄等譯。建元二十年（三八四）出〔祐〕。
後題尊婆須蜜所集論〔開〕。

一〇三九　甘露味阿毘曇　二卷。　〔瞿沙造〕。失譯〔經〕。附魏吳錄〔房〕。
後題阿毘曇甘露味論〔開〕。

一〇四〇　阿毘曇八犍度論　二〇卷。　迦旃延〔子〕造。苻秦僧伽提婆譯。建元
十九年（三八三）出〔祐〕。題末論字依經錄加。

｜一〇四一　阿毘達磨發智論　二〇卷。　〔迦多衍尼子造〕。唐玄奘譯〔泰〕。顯
慶二年至五年（六五七—六六〇）出〔開〕。勘同八犍度論〔泰〕。
題初四字依開錄加。

一〇四二　阿毘達磨大毘婆沙論　二〇〇卷。　唐玄奘譯〔泰〕。顯慶元年至四年
（六五六—九）出〔開〕。

一〇四三　阿毘曇毘婆沙　六〇卷。北涼浮陀跋摩譯〔祐〕。永（原誤承）和五年至七年（四三七—九）出。勘出大毘婆沙論〔開〕。原一〇〇卷。殘。後題末有論字〔開〕。

一〇四四　雜阿毘曇毘婆沙　一四卷。〔尸陀盤尼集〕。苻秦僧伽跋澄譯。建元十九年（三八三）出〔祐〕。後題鞞婆沙論〔開〕。

一〇四五　阿毘曇心論　四卷。法勝造。東晉僧伽提婆譯。太元十六年（三九一）出〔祐〕。題末論字依經録加。

一〇四六　阿毘曇心論經　七卷。〔優婆扇多造〕。高齊那連提黎耶舍共法智譯〔經〕。河清二年（五六三）出〔房〕。原題法勝阿毘曇論，今依開録删正。

一〇四七　雜阿毘曇心論　一四卷。達磨多羅造。劉宋僧伽跋摩譯。元嘉十年（四三三）出〔祐〕。題末論字依經録加。

一〇四八　阿毘達磨俱舍論本頌　一卷。〔世親造〕。唐玄奘譯〔泰〕。永徽二年（六五一）出〔開〕。原題俱舍論本，今依内録改。

一〇四九　倶舍論　二二卷。〔婆藪盤豆造〕。陳真諦譯〔經〕。天嘉四年（五六三）出。後題阿毘達磨倶舍釋論〔開〕。

一一〇五〇　阿毘達磨倶舍論　三〇卷。〔世親造〕。唐玄奘譯〔泰〕。永徽二年至五年（六五一―四）出〔開〕。勘同陳譯倶舍論〔泰〕。題初四字依開録加。

一〇五一　随相論　一卷。求那摩底造。陳真諦譯〔經〕。

一〇五二　倶舍論實義疏　五卷。安慧造。失譯。敦煌本〔日〕。殘。

一〇五三　阿毘達磨順正理論　八〇卷。〔衆賢造〕。唐玄奘譯〔泰〕。永徽四年至五年（六五三―四）出〔開〕。題初四字依開録加。次同。

一〇五四　阿毘達磨顯宗論　四〇卷。〔衆賢造〕。唐玄奘譯〔泰〕。永徽二年至三年（六五一―二）出〔開〕。

一〇五五　入阿毘達磨論　二卷。〔塞建地羅造〕。唐玄奘譯〔泰〕。顯慶三年（六五八）出〔開〕。

一〇五六　阿含口解十二因緣經　一卷。　後漢安世高譯〔房〕。

一〇五七　陰持入經　一卷。　後漢安世高譯「祐」。

一〇五八　四諦論　四卷。〔婆藪跋摩造〕。陳真諦譯〔經〕。

一〇五九　成實論　一六卷。〔訶梨跋摩造〕。姚秦鳩摩羅什譯。弘始十三年至十四年（四一一—一二）出〔祐〕。

一〇六〇　舍利弗阿毘曇　二二卷。　姚秦曇摩耶舍共曇摩崛多譯。弘始十六年（四一四）出〔祐〕。後題末有論字〔仁〕。

一〇六一　三彌底論　四卷。　失譯〔經〕。附三秦錄。底下有部字〔開〕。

一〇六二　四阿含暮鈔　二卷。　〔婆素跋陀造〕。苻秦鳩摩羅佛提等譯。建元十八年（三八二）出〔祐〕。後題末有解字〔開〕。原題稱經，今依經錄改正。

一〇六三　三法度論　三卷。　世賢造。僧伽先釋。東晉僧伽提婆譯。太元十六年（三九一）出〔祐〕。題末論字依經錄加。今勘同四阿含暮鈔。

一〇六四　解脱道論　一三卷。　梁僧伽婆羅譯〔經〕。天監十四年（五一五）出〔房〕。今勘出優波底沙造。

一〇六五　那先比丘經　二卷。　失譯〔祐〕。附東晉録〔房〕。題中比丘二字依經録加。

一〇六六　十八部論　一卷。　失譯　附三秦録〔開〕。原誤眞諦譯〔房〕。

一〇六七　部異執論　一卷。　陳眞諦譯〔房〕。勘同十八部論〔開〕。原題執部異論，今依仁録改正。

一〇六八　異部宗輪論　一卷。　〔世友造〕。唐玄奘譯〔泰〕。龍朔二年（六六二）出〔開〕。勘同十八部論〔泰〕。

一〇六九　小道地經　一卷。　失譯〔經〕。後作支曜譯〔開〕。

一〇七〇　大道地經　二卷。　後漢安世高譯〔祐〕。後題删大字〔開〕。

一〇七一　修行道地經　七卷　〔衆護造〕。西晉竺法護譯。太康五年（二八四）出〔祐〕。勘同大道地經〔祐〕。

一〇七二 禪經 三卷。姚秦鳩摩羅什譯〔祐〕。弘始四年（四〇二）出。題作坐禪三昧經〔開〕。

一〇七三 禪法要解 二卷。姚秦鳩摩羅什譯。弘始九年（四〇七）重校正〔祐〕。

一〇七四 五門禪經要用法 一卷。劉宋曇摩蜜多譯〔祐〕。

一〇七五 禪經修行方便 二卷。東晉佛陀跋陀譯〔祐〕。後稱達磨多羅經〔開〕。

一〇七六 思惟要略法 一卷。失譯。先作安世高譯〔經〕。後誤鳩摩羅什譯〔開〕。原題思惟經〔經〕。

一〇七七 内身觀章經 一卷。失譯〔祐〕。附後漢録〔房〕。後題末作章句經〔開〕。

一〇七八 禪要呵欲經 一卷。失譯〔祐〕。附後漢録〔房〕。後題刪呵欲二字〔宋〕。

一〇七九　菩薩呵色欲經　一卷。　姚秦鳩摩羅什譯〔祐〕。後題欲下有法字〔宋〕。
題末經字依房録加。
一〇八〇　馬鳴傳　一卷。　姚秦鳩摩羅什譯〔經〕。後題傳上有菩薩二字〔泰〕。
下二種并同。
一〇八一　龍樹傳　一卷。　姚秦鳩摩羅什譯〔經〕。
一〇八二　提婆傳　一卷。　姚秦鳩摩羅什譯〔經〕。
一〇八三　婆藪盤豆傳　一卷　陳真諦譯〔經〕。後題末加法師二字〔開〕。
一〇八四　七佛贊唄伽陀　一卷。　宋法天等譯。鄜州先譯經〔祥〕。勘係開寶七年
（九七四）出。
一〇八五　佛一百八名贊　一卷。　宋法天譯。淳化元年（九九〇）出〔祥〕。
一〇八六　佛三身贊　一卷。　宋法賢譯。至道三年（九九七）出〔祥〕。
一〇八七　三身梵贊　一卷。　宋法賢譯。至道三年（九九七）出〔祥〕。今勘是
前贊音譯。

一〇八八　一百五十贊佛頌　一卷。　尊者摩咥里制吒造。唐義淨譯。景龍二年（七〇八）出〔開〕。

一〇八九　佛吉祥德贊　三卷。　寂友造。宋施護譯。大中祥符元年（一〇〇八）出〔祥〕。

一〇九〇　八大靈塔梵贊　一卷。　戒日王制。宋法賢譯。至道三年（九九七）出〔祥〕。

一〇九一　贊法界頌　一卷。　龍樹造。宋施護譯。雍熙元年（九八四）出〔祥〕。

一〇九二　廣大發願頌　一卷。　龍樹造。宋施護譯。大中祥符三年（一〇一〇）出。原題龍樹菩薩廣大發願文〔祥〕。

一〇九三　聖賢集伽陀一百頌　一卷。　宋天息災譯。雍熙四年（九八七）出〔祥〕。

一〇九四　犍稚梵贊　一卷。　宋法賢譯。端拱二年（九八九）出〔祥〕。

附疑僞目。外論附末。總一七部四四卷

一〇九五　菩薩瓔珞本業經　二卷。失譯〔祐〕。後誤姚秦竺佛念譯〔經〕。勘係此方撰述，故入疑僞。以下並同。

一〇九六　金剛三昧經　一卷。失譯。附北凉録〔祐〕。舊缺本，唐代拾遺編入〔開〕。

一〇九七　大方廣圓覺修多羅了義經　一卷。傳唐佛陀多羅譯。不詳年月〔開〕。

一〇九八　大般涅槃經荼毘分　二卷。傳唐若那跋陀共會寧譯〔周〕。或題後分〔宋〕。

一〇九九　占察善惡業報經　二卷。失譯。入疑〔經〕。或題菩提登譯。不詳年月〔周〕。

一一〇〇　長者女庵提遮師子吼了義經　一卷。失譯。附梁録〔開〕。

一一〇一 地藏菩薩本願經 二卷。 明初新得。題唐實叉難陀譯〔明〕。不見舊錄。

一一〇二 四天王經 一卷。 傳劉宋智嚴共寶譯〔祐〕。

一一〇三 弟子死复生經 一卷。 失譯〔祐〕。

一一〇四 罪業應報教化地獄經 一卷。 失譯〔祐〕。

一一〇五 梵網經 二卷。 諸錄入疑〔經〕。僞序稱姚秦鳩摩羅什譯〔房〕。

一一〇六 遺教經論 一卷。 陳真諦譯〔房〕。舊缺本，唐代拾遺編入〔開〕。
原缺經字，依開錄加。

一一〇七 大乘起信論 一卷。 人雲真諦譯。勘真諦錄無此論，故入疑〔經〕。

一一〇八 大乘起信論 二卷。 傳唐實叉難陀譯〔開〕。實叉傳記無此譯，勘是前論改訂本。

一一〇九 釋摩訶衍論 一〇卷。 題龍樹造，筏提摩多譯。元代新編入錄〔至〕。

一一一〇 大宗地玄文本論 八卷。 題馬鳴造、陳真諦譯。元代新編入錄〔至〕。

一一一一 付法藏因緣經 六卷。 傳元魏吉迦夜共曇曜譯〔祐〕。以上疑僞。

一一一二　金七十論　二卷。陳真諦譯〔房〕。

一一一三　勝宗十句義論　一卷。〔慧月造〕。唐玄奘譯〔泰〕。貞觀二十二年（六四八）出〔開〕。以上外論。

密藏　總三八八部　六三九卷

金剛頂部　八〇部　一七九卷

一一一四　一切如來真實攝大乘現證三昧大教王經　三〇卷。宋施護等譯。大中祥符五年至八年（一〇一二—五）出〔景〕。

一一一五　金剛頂瑜伽中略出念誦法　四卷。唐金剛智譯。開元十一年（七二三）出。今勘出現證三昧大教王經。

一一一六　金剛頂一切如來真實攝大乘現證大教王經　三卷。唐不空譯〔貞〕。

勘出現證三昧大教王經初分〔至〕。

一一一七 金剛峰一切瑜伽瑜祇經 二卷。唐金剛智譯。元代新編入錄〔至〕。

一一一八 金剛頂經瑜伽修習毗盧遮那三摩地法 一卷。唐金剛智譯〔貞〕。

一一一九 金剛王菩薩秘密念誦儀軌 一卷。唐不空譯〔貞〕。

一一二〇 金剛頂瑜伽金剛薩埵五秘密修行念誦儀軌 一卷。唐不空譯〔貞〕。

一一二一 金剛頂經瑜伽文殊師利菩薩法一品 一卷。唐不空譯〔貞〕。

一一二二 金剛頂經曼殊寶利菩薩五字心陀羅尼品 一卷。唐金剛智譯。開元十八年（七二〇）出〔開〕。

一一二三 金剛頂超勝三界經說文殊五字真言勝相 一卷。唐不空譯〔貞〕。

一一二四 曼殊室利童子五字瑜伽法 一卷。唐不空譯〔貞〕。後題大聖曼殊室利菩薩五字瑜伽法〔宋〕。

一一二五 五字陀羅尼頌 一卷。唐不空譯〔貞〕。

一一二六 金剛頂經瑜伽文殊師利菩薩儀軌供養法 一卷。唐不空譯〔貞〕。

一一二七　金剛頂瑜伽念珠經　一卷。　唐不空譯〔貞〕。
一一二八　瑜伽金剛頂經釋字母品　一卷。　唐不空譯〔貞〕。
一一二九　金剛瑜伽降三世成就極深密門　一卷。　唐不空譯〔貞〕。
一一三〇　金剛頂降三世大儀軌法王教中觀自在菩薩心真言一切如來蓮華大曼荼品
　一卷。　唐不空譯〔貞〕。
一一三一　金剛壽命陀羅尼念誦法　一卷。　唐不空譯〔貞〕。
一一三二　金剛頂瑜伽護摩儀軌　一卷。　唐不空譯〔貞〕。
一一三三　聖金剛手菩薩一百八名梵贊　一卷。　宋法賢譯。至道二年（九九六）出
〔祥〕。
一一三四　一切佛攝相應大教王經聖觀自在菩薩念誦儀軌　一卷。　宋法賢譯。至道
二年（九九六）出〔祥〕。
一一三五　觀自在大悲成就瑜伽蓮華部念誦法門　一卷。　唐不空譯〔貞〕。
一一三六　金剛頂蓮華部心念誦法　一卷。　唐不空譯〔貞〕。後題改法字爲儀軌

〔宋〕。

一一三七　瑜伽蓮華部念誦法　一卷。　唐不空譯〔貞〕。

一一三八　金剛頂經觀自在王如來修行法　一卷。　唐不空譯〔貞〕。

一一三九　金剛頂瑜伽青頸大悲王觀自在念誦儀軌　一卷。　唐金剛智譯〔日〕。

一一四〇　金剛頂瑜伽千手千眼觀自在菩薩修行儀軌　一卷。　唐不空譯〔貞〕。
後題末加經字〔宋〕。

一一四一　觀自在菩薩心真言一印念誦法　一卷。　唐不空譯〔日〕。

一一四二　觀自在如意輪菩薩瑜伽法要　一卷。　唐金剛智譯。開元十八年（七三〇）出〔開〕。

一一四三　觀自在菩薩如意輪瑜伽　一卷。　唐不空譯〔貞〕。今勘同如意輪瑜伽法要。

一一四四　觀自在菩薩如意輪念誦法　一卷。　唐不空譯〔貞〕。後改題觀自在菩薩如意輪念誦儀軌〔明〕。

一一四五　如意輪蓮華心觀門儀　一卷。　宋慈賢譯〔至〕。後題心字下有如來修行四字〔明〕。

一一四六　金剛多羅菩薩念誦法　一卷。　唐不空譯〔貞〕。或題剛字下有頂經二字〔續開〕。

一一四七　虛空藏菩薩能滿諸願最勝心陀羅尼求聞持法　一卷。　唐善無畏譯。開元五年（七一七）出〔開〕。

一一四八　大虛空藏菩薩念誦法　一卷。　唐不空譯〔貞〕。

一一四九　一切如來大秘密王未曾有最上微妙大曼拏羅經五卷。　宋天息災譯。雍熙四年（九八七）出〔祥〕。

一一五〇　一字奇特佛頂經現威德品　三卷。　唐不空譯〔貞〕。

一一五一　金剛頂經一字頂輪王瑜伽一切時處念誦成佛儀軌　一卷。　唐不空譯〔貞〕。

一一五二　一切如來金剛壽命陀羅尼經　一卷。　唐不空譯〔日〕。

一一五三　最上根本大樂金剛不空三昧大教王經　七卷。宋法賢譯。咸平二年（九九九）出〔祥〕。

|一一五四　大樂金剛不空真實三摩耶經般若波羅蜜多理趣品　一卷。唐不空譯〔貞〕。後題缺品名〔宋〕。今勘出大樂金剛不空三昧大教王經。

|一一五五　偏照般若波羅蜜多經　一卷。宋施護譯。淳化二年（九九一）出〔祥〕。今勘同大樂金剛經般若理趣品。

一一五六　大樂金剛不空真實三昧耶經般若波羅蜜多理趣釋　一卷。唐不空譯〔貞〕。

一一五七　般若波羅蜜多理趣經大安樂不空三昧耶真實金剛菩薩等一十七尊大曼荼羅義述　一卷。唐不空譯〔貞〕。

一一五八　金剛頂瑜伽他化自在天理趣會普賢修行念誦儀軌　一卷。唐不空譯〔貞〕。

一一五九　普賢金剛薩埵瑜伽念誦儀軌　一卷。唐不空譯〔貞〕。

一一六〇　金剛頂勝初瑜伽經中略出大樂金剛薩埵念誦儀軌　一卷。　唐不空譯〔貞〕。

一一六一　大樂金剛薩埵修行成就儀軌　一卷。　唐不空譯〔貞〕。

一一六二　金剛頂勝初瑜伽普賢菩薩念誦法　一卷。　唐不空譯〔貞〕。

一一六三　大悲空智金剛大教王儀軌經　五卷。　宋法護譯。新編入録〔至〕。

一一六四　秘密三昧大教王經　四卷。　宋施護譯。大中祥符三年（一〇一〇）出〔祥〕。

一一六五　一切如來金剛三業最上秘密大教王經　七卷。　宋施護譯。咸平五年（一〇〇二）出〔祥〕。

一一六六　無二平等最上瑜伽大教王經　六卷。　宋施護譯。景德三年（一〇〇六）出〔祥〕。

一一六七　金剛手光明灌頂經最勝立印聖無動尊大威怒王念誦儀軌法品　一卷。　唐不空譯〔貞〕。

一一六八　底哩三昧耶不動使者念誦法　一卷。　唐不空譯〔貞〕。後題不動下有尊威怒王四字〔宋〕。

一一六九　底哩三昧耶不動尊聖者念誦秘密法　三卷。唐不空譯〔日〕。

一一七〇　不動使者陀羅尼秘密法　一卷。　唐金剛智譯〔貞〕。

一一七一　金剛場莊嚴般若波羅蜜多教中一分　一卷。　宋施護譯。景德四年（一〇〇七）出〔祥〕。

一一七二　一切秘密最上名義大教王儀軌　二卷。宋施護譯。　大中祥符二年（一〇〇九）出〔祥〕。

一一七三　瑜伽大教王經　五卷。　宋法賢譯。至道元年（九九五）出〔祥〕。

一一七四　幻化網大瑜伽教十忿怒明王大明觀想儀軌經　一卷。　宋法賢譯。淳化五年（九九四）出〔祥〕。

一一七五　秘密相經　三卷。宋施護譯。大中祥符四年（一〇一一）出〔祥〕。

一一七六　最勝妙吉祥根本智最上秘密一切名義三摩地分　二卷。　宋施護譯。咸平五年（一〇〇二）出〔祥〕。

一一七七　文殊所說最勝名義　二卷。　宋金總持譯〔至〕。

一一七八　文殊菩薩最勝真實名義經　一卷。　元沙羅巴譯〔元〕。今勘同文殊最勝名義經。

一一七九　聖妙吉祥真實名經　一卷。　元釋智譯〔明〕。今勘同文殊最勝名義經。

一一八〇　大方廣菩薩文殊師利根本儀軌經　二〇卷。宋天息災譯。雍熙三年（九八六）出〔祥〕。

一一八一　妙吉祥平等觀門大教王經　五卷。　宋慈賢譯〔至〕。後題等字下有秘密最上四字〔明〕。

一一八二　妙吉祥平等觀身成佛儀軌　一卷。　宋慈賢譯〔至〕。後題等下加瑜伽秘密四字〔明〕。

一一八三　大教王經略出護摩儀　一卷。　宋慈賢譯〔至〕。

一一八四　陀羅尼門諸部要目　一卷。　唐不空譯〔貞〕。

一一八五　金剛頂瑜伽十八會指歸　一卷。　唐不空譯〔貞〕。後題頂字下有經字〔宋〕。

一一八六　金剛頂經金剛界大道塲毗盧遮那如來自受用身自內證智眷屬法身異名最上乘三摩地禮懺文　一卷。　唐不空譯〔貞〕。後略稱金剛頂瑜伽三十七尊禮〔宋〕。

一一八七　金剛頂經毗盧遮那一百八尊法身契印　一卷。　唐善無畏一行同譯〔日〕。

一一八八　金剛頂瑜伽中發阿耨多羅三藐三菩提心論　一卷。　唐不空譯〔貞〕。

一一八九　受菩提心戒儀　一卷。　唐不空譯〔貞〕。

一一九〇　事師法五十頌　一卷。　馬鳴造。宋日稱等譯〔至〕。

一一九一　諸教決定名義論　一卷。　宋施護譯。咸平五年（一〇〇二）出〔祥〕。

胎藏部　九部　二六卷

一一九二　大毗盧遮那成佛神變加持經　七卷。　唐善無畏譯。開元十二年（七二四）出〔開〕。

一一九三　大毗盧遮那成佛神變加持經略示七支念誦隨行法　一卷。　唐不空譯〔貞〕。

一一九四　大日經略攝念誦隨行法　一卷。　唐不空譯〔貞〕。

一一九五　毗盧遮那五字真言修習儀軌　一卷。　唐不空譯〔日〕。

蘇悉地部　五部　一六卷

一一九六　蘇悉地羯羅經　三卷。　唐善無畏譯。開元十二年（七二四）出〔開〕。

一一九七　蘇悉地羯羅供養法　三卷。　唐善無畏譯〔麗〕。

一一九八　蘇婆呼童子經　三卷。　唐善無畏譯。開元十二年（七二四）出〔開〕。

後題末作請問經〔宋〕。

一一九九 妙臂菩薩所問經 四卷。 宋法天譯。雍熙四年（九八七）出〔祥〕。

勘同嚩婆童子經〔至〕。

一二〇〇 蕤呬耶經 三卷。 唐不空譯〔日〕。

雜咒部 二九九部 四三四卷

一二〇一 諸佛心陀羅尼經 一卷。 唐玄奘譯〔泰〕。永徽元年（六五〇）出〔開〕。題末經字依開錄加。

一二〇二 諸佛心印陀羅尼經 一卷。 宋法天譯。雍熙三年（九八六）出〔祥〕。

勘同諸佛心陀羅尼〔至〕。

一二〇三 諸佛集會陀羅尼經 一卷。 唐提雲般若譯。天授二年（六九一）出〔周〕。

一二〇四 息除中 陀羅尼經 一卷。 宋施護譯。雍熙元年（九八四）出〔祥〕。

今勘同諸佛集會陀羅尼經。

一二〇五　一切如來名號陀羅尼經　一卷。　宋法賢譯。至道三年（九九七）出〔祥〕。

一二〇六　五千五百佛名經　八卷。　隋闍那崛多等譯。開皇十三年至十四年（五九三—四）出〔房〕。後題名下有神咒除災滅罪六字〔宋〕。

一二〇七　十二佛名神咒除障滅罪經　一卷。　隋闍那崛多等譯。開皇七年（五八七）出〔房〕。後題咒下有校量功德四字〔宋〕。

一二〇八　稱贊如來功德神咒經　一卷。　唐義淨譯。景雲二年（七一一）出。勘同十二佛名咒經〔開〕。

一二〇九　十吉祥經　一卷。　失譯〔經〕。附三秦錄〔開〕。

一二一〇　八部佛名經　一卷。　失譯〔祐〕。後誤瞿曇般若流支譯〔開〕。

一二一一　八吉祥神咒　一卷。　失譯〔祐〕。後誤支謙譯〔開〕。或題末有經字〔仁〕。

一一二二　八阳經　一卷。　失譯〔祐〕。後誤竺法護譯。勘同八吉祥神咒。題末有神咒二字〔開〕。

一一二三　八吉祥經　一卷。　劉宋求那跋陀羅譯。元嘉二十九年（四五二）出〔祐〕。後誤僧伽婆羅譯。勘同八吉祥神咒〔開〕。

一一二四　八佛名號經　一卷。　隋闍那崛多譯。開皇六年（五八六）出〔房〕。勘同八吉祥神咒〔開〕。

一一二五　七佛神咒　一卷。　失譯〔祐〕。附梁錄。題虛空藏菩薩問佛經〔開〕。

一一二六　如來方便善巧咒經　一卷。　隋闍那崛多譯。開皇七年（五八七）出〔房〕。勘同七佛神咒〔開〕。

一一二七　聖虛空藏菩薩陀羅尼經　一卷。　宋法天譯。雍熙元年（九八四）出〔祥〕。勘同七佛神咒〔至〕。

一一二八　廣大寶樓閣善住秘密陀羅尼經　三卷。　唐菩提流志譯。神龍二年（七〇六）出〔開〕。

一一二九　牟梨曼陀羅咒經　一卷。　附梁録〔開〕。今勘同流志譯樓閣秘密陀羅尼經。
一一三〇　大寶廣博樓閣善住秘密陀羅尼經　三卷。　唐不空譯〔貞〕。今勘同流志譯樓閣秘密陀羅尼經。
一一三一　菩提場莊嚴陀羅尼經　一卷。　唐不空譯〔貞〕。
一一三二　百千印陀羅尼經　一卷。　唐實叉難陀譯〔開〕。
一一三三　藥師如來本願經　一卷。　隋達磨笈多譯。大業十二年（六一六）出〔開〕。
一一三四　藥師瑠璃光如來本願功德經　一卷。　唐玄奘譯〔泰〕。永徽元年（六五〇）出〔開〕。勘同藥師如來本願經〔泰〕。
一一三五　藥師瑠璃光七佛本願功德經　二卷。　唐義淨譯。神龍三年（七〇七）出。勘同藥師如來本願經〔開〕。
一一三六　藥師瑠璃光七佛本愿功德經念誦儀軌　二卷。　元沙羅巴譯〔元〕。

一二二七　藥師琉璃光七佛本願功德經念誦儀軌供養法　一卷。　元沙羅巴譯〔元〕。

一二二八　無量功德陀羅尼經　一卷。　宋法賢譯。至道二年（九九六）出〔祥〕。

一二二九　莊嚴王陀羅尼咒經　一卷。　唐義淨譯。大足元年（七〇一）出〔開〕。

一二三〇　一切功德莊嚴王經　一卷。　唐義淨譯。神龍元年（七〇五）出〔開〕。

一二三一　無量壽大智陀羅尼經　一卷。　宋法賢譯。至道二年（九九六）出〔祥〕。

一二三二　大乘聖無量壽決定光明王如來陀羅尼經　一卷。　宋法天譯。鄜州先譯經〔祥〕。勘係開寶七年（九七四）出。

一二三三　無量壽如來修觀行供養儀軌　一卷。　唐不空譯〔貞〕。

一二三四　阿彌陀鼓音聲王陀羅尼經　一卷。　失譯〔經〕。題中王字依房録加。

一二三五　無能勝幡王如來莊嚴陀羅尼經　一卷。　宋施護譯。太平興國七年（九八二）

出〔祥〕。

一二三六　持句神咒　一卷。失譯〔祐〕。後誤支謙譯。題末有經字〔開〕。

一二三七　安宅陀羅尼咒經　一卷。失譯〔日〕。

一二三八　陀鄰鉢經　一卷。失譯〔祐〕。後作竺曇無蘭譯。勘同持句神咒。題鄰下有尼字〔開〕。

一二三九　陀羅尼句經　一卷。失譯〔祐〕。後題東方最勝燈王陀羅尼經。勘同持句神咒〔宋〕。

一二四〇　東方最勝燈王如來經　一卷。隋闍那崛多等譯〔泰〕。勘同持句神咒〔開〕。

一二四一　聖最上燈明如來陀羅尼經　一卷。宋施護譯。雍熙元年（九八四）出〔祥〕。今勘同持句神咒。

一二四二　阿閦如來念誦供養法　一卷。唐不空譯〔貞〕。

一二四三　大乘觀想曼拏羅淨諸惡趣經　二卷。宋法賢譯。至道二年（九九六）

出〔祥〕。

一二四四　帝釋巖秘密成就儀軌　一卷。宋施護譯。咸平四年（一〇〇一）出〔祥〕。

一二四五　聖佛母小字般若波羅密多經　一卷。宋天息災譯。太平興國七年（九八二）出〔祥〕。

一二四六　聖八千頌般若波羅密多一百八名真實圓義陀羅尼經　一卷。宋施護法護惟淨同譯。大中祥符三年（一〇一〇）出〔祥〕。

一二四七　修習般若波羅密菩薩觀行念誦儀軌　一卷。唐不空譯〔貞〕。

一二四八　觀想佛母般若波羅密多菩薩經　一卷。宋天息災譯。雍熙三年（九八六）出〔祥〕。

一二四九　佛母般若波羅密多大明觀想儀軌　一卷。宋施護譯。景德三年（一〇〇六）出〔祥〕。

一二五〇　成就妙法蓮華經王瑜伽觀智儀軌　一卷。唐不空譯〔貞〕。後題末有經字〔宋〕。

一二五一　大方廣佛華嚴經入法界四十二字觀門　一卷。　唐不空譯〔貞〕。

一二五二　一字佛頂輪王經　五卷。　唐菩提流志譯。景龍三年(七〇九)出〔開〕。

一二五三　菩提場所説一字頂輪王經　五卷。　唐不空譯〔貞〕。今勘同一字佛頂輪王經。

一二五四　一切如來説佛頂輪王一百八名贊　一卷。　宋施護譯。淳化二年（九九一）出〔祥〕。

一二五五　大陀羅尼末法中一字心咒經　一卷。　唐寶思惟譯。神龍元年(七〇五)出〔開〕。

一二五六　金輪王佛頂要略念誦法　一卷。　唐不空譯〔貞〕。

一二五七　一字頂輪王念誦儀軌　一卷。　唐不空譯〔貞〕。天寶十二年(七五三)出〔內〕。

一二五八　瑜伽翳迦訖沙羅烏瑟尼沙斫訖羅真言安怛羅儀則一字頂輪王瑜伽經　一

卷。唐不空譯〔貞〕。後題首無瑜伽至儀則二十一字〔宋〕。

一二五九 佛頂尊勝陀羅尼經 一卷。唐杜行顗譯。儀鳳四年（六七九）出〔開〕。

一二六〇 佛頂最勝陀羅尼經 一卷。唐地婆訶羅譯。永淳元年（六八二）出。勘同杜譯尊勝陀羅尼經〔開〕。

一二六一 佛頂尊勝陀羅尼經 一卷。唐佛陀波利譯。永淳二年（六八三）出。勘同杜譯尊勝陀羅尼經〔周〕。

一二六二 最勝佛頂陀羅尼淨除業障經 一卷。唐地婆訶羅再譯。勘同杜譯尊勝陀羅尼經〔開〕。

一二六三 佛頂尊勝陀羅尼經 一卷。唐義淨譯。景龍四年（七一〇）出。勘同杜譯尊勝陀羅尼經〔開〕。

一二六四 最勝佛頂陀羅尼經 一卷。宋法天譯。鄜州先譯經〔祥〕。勘係開寶七年（九七四）出。勘同杜譯尊勝陀羅尼經〔至〕。

一二六五　佛頂尊勝陀羅尼念誦儀軌　一卷。　唐不空譯〔貞〕。

一二六六　一切如來烏瑟膩沙最勝總持經　一卷。　宋法天譯。淳化五年（九九四）出〔祥〕。

一二六七　于瑟抳沙左野陀羅尼　一卷。　高麗指空譯。勘係上經異譯〔日〕。

一二六八　佛頂大白傘蓋陀羅尼經　一卷。　元沙羅巴譯〔元〕。

一二六九　大白傘蓋總持陀羅尼經　一卷。　元真智等譯〔明〕。今勘同白傘蓋陀羅尼經。

一二七〇　最勝無比大威德金輪佛頂熾盛光消災吉祥陀羅尼經　一卷。　失譯。附唐録。至元録誤不空譯。或題熾盛光大威德消災吉祥陀羅尼經〔明〕。

一二七一　大威德金輪佛頂熾盛光如來消除一切災難陀羅尼經　一卷。　失譯。附唐録〔至〕。今勘同熾盛光消災吉祥陀羅經。

一二七二　智炬陀羅尼經　一卷。　唐提雲般若譯。天授二年（六九一）出〔周〕。

一二七三　智光滅一切業障陀羅尼　一卷。　宋施護譯。端拱元年（九八八）出

〔祥〕。勘同智炬陀羅尼經〔至〕。

一二七四　無垢淨光大陀羅尼經　一卷。　唐彌陀山等譯〔開〕。

一二七五　佛頂放無垢光明入普明觀察一切如來心陀羅尼經　一卷。　宋施護譯。雍熙元年（九八四）出〔祥〕。

一二七六　一切如來心秘密全身舍利寶篋陀羅尼經　一卷。　唐不空譯〔貞〕。後題篋下有印字〔宋〕。

一二七七　一切如來正法秘密篋印心陀羅尼經　一卷。　宋施護譯。雍熙元年（九八四）出〔祥〕。今勘同舍利寶篋陀羅尼經。

一二七八　一切如來安像三昧儀軌經　一卷。　宋施護譯。雍熙四年（九八七）出〔祥〕。

一二七九　守護國界主陀羅尼經　一〇卷。　唐般〔刺〕若譯。貞元六年（七九〇）出〔貞〕。

一二八〇　佛說迴向輪經　一卷。　唐尸羅達磨譯〔貞〕。

一二八一　守護大千國土經　三卷。　宋施護譯。太平興國八年（九八三）出〔祥〕。

一二八二　孔雀王神咒經　一卷。　東晉帛尸利密多譯〔經〕。後誤鳩摩羅什譯〔開〕。或題略神字〔泰〕。首尾僞託，今刪。

一二八三　大金色孔雀王咒經　一卷。　失譯。附秦録。勘同孔雀王神咒經〔開〕。

一二八四　佛說大金色孔雀王咒經　一卷。　失譯。附秦録。勘同孔雀王神咒經〔開〕。

一二八五　孔雀王陀羅尼經　二卷。　梁僧伽婆羅譯。勘同孔雀王神咒經〔經〕。後題陀羅尼作咒字〔開〕。

一二八六　大孔雀咒王經　三卷。　唐義淨譯。神龍元年（七〇五）出。勘同孔雀王神咒經〔開〕。

一二八七　佛母大孔雀明王經　三卷。　唐不空譯〔貞〕。勘同孔雀王神咒經

〔至〕。

一二八八 佛說大孔雀明王畫像壇場儀軌 一卷。 唐不空譯〔貞〕。

一二八九 隨求即得自在陀羅尼經 一卷。 唐寶思惟譯。長壽二年（六九三）出〔周〕。後題得下加大字，尼下加神咒二字〔宋〕。

一二九〇 普遍光明清淨熾盛如意寶印心無能勝大明王隨求陀羅尼經 二卷。 唐不空譯〔貞〕。今勘同隨求即得陀羅尼神咒經。

一二九一 大寒林聖難拏陀羅尼經 一卷。 宋法天譯。雍熙元年（九八四）出〔祥〕。

一二九二 消除一切閃電障難隨求如意陀羅尼經 一卷。 宋施護譯。雍熙元年（九八四）出〔祥〕。

一二九三 如意摩尼陀羅尼經 一卷。 宋施護譯。雍熙四年（九八七）出〔祥〕。

一二九四 如意寶總持王經 一卷。 宋施護譯。端拱二年（九八九）出〔祥〕。

一二九五　文殊師利寶藏陀羅尼經　一卷。　唐菩提流志譯。景龍四年（七一〇）出〔開〕。

一二九六　文殊師利法寶藏陀羅尼經　一卷。　失譯。先作真諦譯〔至〕。今勘同唐譯文殊寶藏陀羅尼經。

一二九七　妙吉祥菩薩陀羅尼經　一卷。　宋法賢譯。至道二年（九九六）出〔祥〕。

一二九八　文殊師利菩薩根本大教王金翅鳥王品　一卷。　唐不空譯〔貞〕。

一二九九　文殊師利根本一字陀羅尼經　一卷。　唐寶思惟譯。長安二年（七〇二）出〔開〕。

一三〇〇　曼殊寶利菩薩咒藏中一字咒王經　一卷。　唐義淨譯。長安三年（七〇三）出。勘同文殊一字陀羅尼經〔開〕。

一三〇一　曼殊室利菩薩閆曼德迦忿怒真言儀軌　二卷。　附阿毗遮嚕迦儀軌品。失譯。先作不空譯〔至〕。

一三〇二 聖閆曼德迦威怒王立成大神驗念誦法 一卷。 唐不空譯〔貞〕。
一三〇三 校量數珠功德經 一卷。 唐寶思惟譯。神龍元年(七〇五)出〔開〕。
一三〇四 數珠功德經 一卷。 唐義淨譯。景龍四年(七一〇)出。勘同校量數珠功德經〔開〕。後題首有曼殊室利咒藏中校量九字〔宋〕。
一三〇五 木槵子經 一卷。 失譯〔經〕。附東晉錄〔開〕。後題缺子字〔宋〕。
一三〇六 六字神咒經 一卷。 唐菩提流志譯。長壽二年(六九三)出〔開〕。
一三〇七 文殊師利一百八名贊 一卷。 宋法天譯。淳化元年(九九〇)出〔祥〕。
一三〇八 曼殊室利菩薩吉祥伽陀 一卷。 宋法天譯。至道三年(九九七)出〔祥〕。
一三〇九 聖者文殊師利發菩提心願文 一卷。 元智慧譯〔明〕。
一三一〇 最上意陀羅尼經 一卷。 宋施護譯。端拱二年(九八九)出〔祥〕。
一三一一 聖最勝陀羅尼經 一卷。 宋施護譯。淳化二年(九九一)出〔祥〕。

一三一二　普賢菩薩陀羅尼經　一卷。宋法天譯。雍熙四年(九八七)出〔祥〕。

一三一三　慈氏菩薩陀羅尼經　一卷。宋法賢譯。至道二年(九九六)出〔祥〕。

一三一四　慈氏菩薩誓願陀羅尼經　一卷。宋法賢譯。至道二年(九九六)出〔祥〕。

一三一五　虛空藏菩薩陀羅尼經　一卷。宋法賢譯。至道二年(九九六)出〔祥〕。

一三一六　香王菩薩陀羅尼咒經　一卷。唐義淨譯。神龍元年(七〇五)出〔開〕。

一三一七　觀藥王藥上二菩薩經　一卷。一卷。劉宋畺良耶舍譯〔經〕。先失譯〔祐〕。

一三一八　持世陀羅尼經　一卷。唐玄奘譯〔泰〕。永徽五年(六五四)出〔開〕。

一三一九　雨寶陀羅尼經　一卷。　唐不空譯〔貞〕。勘同持世陀羅尼經〔至〕。

一三二〇　大乘聖吉祥持世陀羅尼經　一卷。　宋法天譯。太平興國七年(九八二)出〔祥〕。勘同持世陀羅尼經〔至〕。

一三二一　聖持世陀羅尼經　一卷。　宋施護譯。雍熙三年（九八六）出〔祥〕。今勘同持世陀羅尼經。

一三二二　八大菩薩曼荼羅經　一卷。　唐不空譯〔貞〕。

一三二三　大乘八大曼拏羅經　一卷。　宋法賢譯。至道元年（九九五）出〔祥〕。勘同八大菩薩曼荼羅經〔至〕。

一三二四　師子莊嚴王菩薩請問經　一卷。　唐那提譯。龍朔二年(六六二)出〔周〕。原題師子慧菩薩，今依開錄改。

一三二五　大方等陀羅尼　四卷。　北凉法衆譯〔祐〕。後題末有經字〔仁〕。

一三二六　千囀陀羅尼觀世音菩薩咒經　一卷。　唐智通譯。永徽四年(六五三)出

〔開〕。

一三二七　清淨觀世音普賢陀羅尼經　一卷。　唐智通譯。永徽四年（六五三）
出〔周〕。

一三二八　觀自在菩薩普賢陀羅尼經　一卷。　唐不空譯〔貞〕。

一三二九　阿唎多羅陀羅尼阿嚕力品第十四　一卷。　唐不空譯〔貞〕。

一三三〇　請觀世音消伏毒害陀羅尼經　一卷。　宋竺難提譯〔經〕。先失譯〔祐〕。
後題普下有菩薩二字，末作咒經〔開〕。

一三三一　六字咒王經　一卷。　失譯。附東晉錄〔開〕。今勘同請觀世音經。

一三三二　六字神咒經　一卷。　失譯〔經〕。附梁錄。勘同六字咒王經。題咒下
有王字〔開〕。

一三三三　大乘莊嚴寶王經　四卷。　宋天息災譯。太平興國八年（九八三）出
〔祥〕。

一三三四　不空羂索神變真言經　三〇卷。　唐菩提流志譯。神龍三年至景龍三年

（七〇七—九）出〔開〕。

一一三三五　不空羂索觀世音心咒　一卷。　隋闍那崛多譯。開皇七年（五八七）出〔房〕。勘同不空羂索真言經初品。題作不空羂索咒經〔開〕。

一一三三六　不空羂索神咒經　一卷。　唐玄奘譯〔泰〕。顯慶四年（六五九）出〔開〕。勘同不空羂索心咒〔泰〕。後題末作神咒心經〔開〕。

一一三三七　不空羂索咒心經　一卷。　唐菩提流志譯。長壽二年（六九三）出〔周〕。勘同不空羂索心咒〔開〕。

一一三三八　聖觀自在菩薩不空王秘密心陀羅尼經　一卷。　宋施護法護惟淨同譯。大中祥符三年（一〇一〇）出〔祥〕。勘同不空羂索神咒〔至〕。

一一三三九　不空羂索毗盧遮那佛大灌頂光真言　一卷。　唐不空譯。勘出不空羂索經卷二十八〔貞〕。

一一三四〇　不空羂索陀羅尼自在王咒經　三卷。　唐寶思惟譯。長壽二年（六九三）出〔開〕。

一一三四一　不空羂索陀羅尼經　一卷。　唐李無諂譯。聖曆三年（六九九）出。勘同不空羂索自在王咒經〔開〕。

一一三四二　金剛恐怖集會方廣儀軌觀自在菩薩三世最勝心明王經序品第一　一卷。唐不空譯〔貞〕。後題删序品第一〔宋〕。

一一三四三　千眼千臂觀世音菩薩陀羅尼神咒經　二卷。　唐智通譯〔開〕。

一一三四四　千手千眼觀世音菩薩姥陀羅尼身經　一卷。　唐菩提流志譯。景龍三年（七〇九）出。勘同千眼千臂觀音咒經〔開〕。

一一三四五　千手千眼觀世音菩薩廣大圓滿無碍大悲心陀羅尼經　一卷。　唐伽梵達磨譯〔開〕。

一一三四六　千手千眼觀自在菩薩廣大圓滿無碍大悲心陀羅咒本　一卷。　唐金剛智譯〔貞〕。舊誤不空譯〔至〕。今勘同大悲心陀羅尼。

一一三四七　千手千眼觀世音菩薩大身咒本　一卷。　唐金剛智譯〔貞〕。舊誤不空譯〔至〕。今勘同大悲心陀羅尼。

一三四八　番大悲神咒　一卷。失譯〔明〕。今勘同大悲心陀羅尼。

一三四九　十一面觀世音咒經　一卷。北周耶闍崛多等譯〔房〕。

一三五〇　十一面觀世音神咒經　一卷。唐玄奘譯〔泰〕。顯慶元年（六五六）出〔開〕。勘同十一面觀世音咒經〔泰〕。後題十一面神咒心經〔開〕。

一三五一　十一面觀自在菩薩心密言儀軌　三卷。唐不空譯〔貞〕。今勘同十一面觀世音咒經。後題末作念誦儀軌經〔宋〕。

一三五二　觀世音菩薩秘密藏神咒經　一卷。唐實叉難陀譯〔開〕。後題藏下作如意輪陀羅尼神咒經〔宋〕。

一三五三　觀世音菩薩如意摩尼陀羅尼經　一卷。唐寶思惟譯。勘同觀音秘密神咒經〔開〕。

一三五四　觀自在菩薩如意心陀羅尼咒經　一卷。唐義淨譯。景龍四年（七一〇）出。勘同觀音秘密神咒經〔開〕。

一三五五　如意輪陀羅尼經　一卷。　唐菩提流志譯。景龍三年（七〇九）出。勘同觀音秘密神咒經〔開〕。

一三五六　聖多羅菩薩經　一卷。　宋法賢譯。至道三年（九九七）出〔祥〕。

一三五七　贊揚聖德多羅菩薩一百八名經　一卷。　宋天息災譯。雍熙二年（九八五）出〔祥〕。

一三五八　聖多羅菩薩一百八名陀羅尼經　一卷。　宋法天譯。雍熙三年（九八六）出〔祥〕。

一三五九　聖多羅菩薩梵讚　一卷。　宋施護譯。淳化二年（九九一）出〔祥〕。

一三六〇　葉衣觀自在菩薩陀羅尼經　一卷。　唐不空譯〔貞〕。

一三六一　觀自在菩薩隨心咒經　一卷。　唐智通譯。永徽四年（六五三）出〔開〕。

一三六二　大方廣曼殊室利經觀自在菩薩授記品第三十一　一卷。　唐不空譯〔貞〕。後題删品名〔宋〕。

一三六三　觀自在菩薩母陀羅尼經　一卷。　宋法賢譯。至道三年（九九七）出〔祥〕。
一三六四　聖觀自在菩薩心真言瑜伽觀行儀軌　一卷。　唐不空譯〔貞〕。
一三六五　贊觀世音菩薩頌　一卷。　唐慧智譯。長壽二年（六九三）出〔周〕。
一三六六　聖觀自在菩薩功德贊　一卷。　宋施護譯。咸平四年（一〇〇一）出〔祥〕。
一三六七　聖觀自在菩薩一百八名經　一卷。　宋天息災譯。雍熙二年（九八五）出〔祥〕。
一三六八　聖觀自在菩薩梵贊　一卷。　宋法天譯。淳化元年（九九〇）出〔祥〕。後誤法賢譯〔至〕。
一三六九　七俱胝佛大心準提陀羅尼經　一卷。　唐地婆訶羅譯。垂拱元年（六八五）出〔開〕。
一三七〇　七俱胝佛母準提大明陀羅尼經　一卷。　唐金剛智譯。開元十一年（七二三）出。勘同准提陀羅尼〔開〕。

一三七一　七俱胝佛母所説準提陀羅尼經　一卷。　唐不空譯〔貞〕。今勘同準提陀羅尼。

一三七二　持明藏瑜伽大教尊那菩薩大明成就儀軌經　四卷。　宋法賢譯。淳化五年（九九四）出〔祥〕。

一三七三　一髻尊陀羅尼經　一卷。　唐不空譯〔貞〕。

一三七四　毗俱胝菩薩一百八名經　一卷。　宋法天譯。雍熙三年（九八六）出〔祥〕。

一三七五　廣大蓮華莊嚴曼拏羅滅一切罪陀羅尼經　一卷。　宋施護譯。雍熙四年（九八七）出〔祥〕。

一三七六　最上大乘金剛大教寶王經　二卷。　宋法天譯。淳化五年（九九四）出〔祥〕。

一三七七　金剛手菩薩降伏一切部多大教王經　三卷。　宋法天譯。淳化五年（九九四）出〔祥〕。

一三七八 普賢曼拏羅經 一卷。宋施護譯。端拱二年（九八九）出〔祥〕。

一三七九 八名普密陀羅尼經 一卷。唐玄奘譯〔泰〕。永徽五年（六五四）出〔開〕。

一三八〇 秘密八名陀羅尼經 一卷。宋法賢譯。至道三年（九九七）出〔祥〕。今勘同八名普密陀羅尼經。

一三八一 大金剛妙高山樓閣陀羅尼經 一卷。宋施護譯。雍熙四年（九八七）出〔祥〕。

一三八二 大摧碎陀羅尼經 一卷。宋慈賢譯〔至〕。

一三八三 壞相金剛陀羅尼經 一卷。元沙羅巴譯〔元〕。

一三八四 大乘金剛髻珠菩薩修行分 一卷。唐菩提流志譯。長壽二年（六九三）出〔周〕。原題末有經字，今依開録刪。

一三八五 普法方便陀羅尼經 一卷。失譯〔周〕。附東晉録〔開〕。

一三八六　金剛秘密善門陀羅尼經　一卷。　失譯〔周〕。附東晉錄。勘同善法方便陀羅尼經〔開〕。

一三八七　護命法門神咒經　一卷。　唐菩提流志譯〔周〕。長壽二年（六九三）出。勘同善法方便陀羅尼經〔開〕。

一三八八　延壽妙門陀羅尼經　一卷。　宋法賢譯。至道三年（九九七）出〔祥〕。今勘同善法方便陀羅尼經。

一三八九　金剛香菩薩大明成就儀軌經　三卷。　宋施護譯。淳化五年（九九四）出〔祥〕。

一三九〇　大金剛香陀羅尼經　一卷。　宋施護譯。雍熙四年（九八七）出〔祥〕。

一三九一　甘露軍吒利菩薩供養念誦成就儀軌　一卷。　唐不空譯〔貞〕。後題吒作荼〔宋〕。

一三九二　大威怒烏芻澁摩儀軌　一卷。　唐不空譯〔貞〕。後題末有經字〔明〕。

一三九三　聖迦抳忿怒金剛童子菩薩成就儀軌經　三卷。　唐不空譯〔貞〕。

一三九四　妙吉祥最勝根本大教王經　三卷。　宋法賢譯。淳化五年（九九四）出〔祥〕。

一三九五　大威力烏樞瑟摩明王經　三卷。　唐阿質達霰譯〔貞〕。

一三九六　穢積金剛說神通大滿陀羅尼法術靈要門　一卷。　唐阿質達霰譯〔貞〕。

一三九七　穢積金剛禁百變法　一卷。　唐阿質達霰譯〔貞〕。後題末有經字〔宋〕。

一三九八　無能勝大明王陀羅尼經　一卷。　宋施護譯。雍熙元年（九八四）出〔祥〕。後誤法天譯〔至〕。

一三九九　無能勝大明陀羅尼經　一卷。　宋法天譯。雍熙三年（九八六）出〔祥〕。

一四〇〇　無能勝大明心陀羅尼經　一卷。　宋法天譯。雍熙三年（九八六）出〔祥〕。

一四〇一　聖無能勝金剛火陀羅尼經　一卷。　宋法天譯。雍熙四年（九八七）出

〔祥〕。

一四〇二　妙吉祥瑜伽大教金剛陪囉嚩輪觀成就儀軌經　一卷。　宋法賢譯。至道元年（九九五）出〔祥〕。

一四〇三　大力明王經　二卷。　宋法護〔中印人〕譯。太平興國八年（九八三）出〔祥〕。

一四〇四　大吉義咒經　二卷。　失譯〔經〕。後誤元魏曇曜譯〔周〕。或題末作神咒經〔開〕。

一四〇五　毗沙門天王經　一卷。　唐不空譯〔貞〕。

一四〇六　毗沙門天王經　一卷。　宋法天譯。淳化元年（九九〇）出〔祥〕。

一四〇七　吉祥天女十二名號經　一卷。　唐不空譯〔貞〕。後題首有大字〔宋〕。

一四〇八　大吉祥天女十二契一百八名號無垢大乘經　一卷。　唐不空譯〔貞〕。

一四〇九　摩利支天經　一卷。　失譯。附梁錄〔開〕。後題末作陀羅尼咒經〔宋〕。

一四一〇　摩利支天經　一卷。　唐不空譯〔貞〕。後題末作菩薩陀羅尼經〔宋〕。

一四一一　末利支提婆華鬘經　一卷。　唐不空譯〔貞〕。

一四一二　大摩里支菩薩經　七卷。　宋天息災譯。雍熙四年（九八七）出〔祥〕。

一四一三　大藥叉女歡喜母並愛子成就法　一卷。　唐不空譯〔貞〕。

一四一四　大雲輪經請雨品第六十四　一卷。　北周闍那耶舍等譯。天和五年（五七〇）出〔房〕。或題無輪字〔開〕。原題第一百，今依開録改。

一四一五　大雲輪請雨經　二卷。　隋那連提黎耶舍譯。開皇五年（五八五）出〔房〕。勘同大雲經請雨品〔仁〕。

一四一六　大方等大雲請雨經　一卷。　隋闍那崛多等譯。勘同大雲請雨品〔泰〕。

一四一七　大雲輪雨經　二卷。　唐不空譯〔貞〕。勘同大雲經請雨品〔至〕。

一四一八　金剛光燄止風雨陀羅尼經　一卷。　唐菩提流志譯。景龍四年（七一〇）

出〔開〕。

一四一九　咒五首　一卷。　唐玄奘譯〔圖〕。麟德元年（六六四）出。題末加經字〔開〕。

一一四二〇　千轉大明陀羅尼經　一卷。　宋施護譯。端拱元年（九八八）出〔祥〕。今勘出咒五首中。

一四二一　訶利帝母真言法　一卷。　唐不空譯〔貞〕。後題法作經〔宋〕。

一四二二　囊麌利童女經　一卷。　唐不空譯〔貞〕。

一四二三　金剛薩埵說頻那夜迦天成就儀軌經　四卷。　宋法賢譯。淳化五年（九九四）出〔祥〕。

一四二四　大聖天歡喜雙身毗那夜迦法　一卷。　唐不空譯〔貞〕。

一四二五　速疾立驗摩醯首羅天說迦婁羅阿尾奢法　一卷。　唐不空譯〔貞〕。後題略迦婁羅三字〔宋〕。

一四二六　寶帶陀羅尼經　一卷。　宋施護譯。景德四年（一〇〇七）出〔祥〕。

一四二七　聖莊嚴陀羅尼經　二卷。　宋施護譯。端拱元年（九八八）出〔祥〕。

一四二八　最上秘密那拏天經　三卷。　宋法賢譯。咸平元年（九九八）出〔祥〕。

一四二九　文殊師利菩薩及諸仙所說吉凶時日善惡宿曜經　二卷。　唐不空譯〔貞〕。

一四三〇　諸星母陀羅尼經　一卷。　唐法成譯。敦煌本〔日〕。

一四三一　聖曜母陀羅尼經　一卷。　宋法天譯。淳化元年（九九〇）出〔祥〕。今勘同諸星母陀羅尼經。

一四三二　難儞計顯縛羅天說支輪經　一卷。　宋法賢譯。至道元年（九九五）出〔祥〕。

一四三三　阿吒婆拘鬼神大將上佛陀羅尼經　一卷。　失譯。附梁録〔開〕。後題末作神咒經〔宋〕。

一四三四　聖寶藏神儀軌經　二卷。　宋法天譯。雍熙四年（九八七）出〔祥〕。

一四三五　寶藏神大明曼拏羅儀軌經　二卷。　宋法天譯。雍熙四年（九八七）出

〔祥〕。
一四三六　寶賢陀羅尼經　一卷。宋法賢譯。至道三年（九九七）出〔祥〕。
一四三七　大愛陀羅尼經　一卷。宋法賢譯。至道三年（九九七）出〔祥〕。
一四三八　大吉祥陀羅尼經　一卷。宋法賢譯。至道三年（九九七）出〔祥〕。
一四三九　救面燃餓鬼陀羅尼經　一卷。唐實叉難陀譯〔開〕。
一四四〇　救拔燄口餓鬼陀羅尼經　一卷。唐不空譯〔貞〕。勘同救面然餓鬼神呪經〔至〕。
一四四一　甘露經陀羅尼呪　一卷。失譯。勘同救面然餓鬼神呪經〔章〕。
一四四二　宿命智陀羅尼經　一卷。宋法賢譯。至道二年（九九六）出〔祥〕。後題缺經字〔宋〕。
一四四三　增慧陀羅尼經　一卷。宋施護譯。淳化二年（九九一）出〔祥〕。
一四四四　鉢蘭那賒嚩哩大陀羅尼經　一卷。宋法賢譯。至道二年（九九六）出〔祥〕。

一四四五　妙色陀羅尼經　一卷。宋法賢譯。至道二年（九九六）出〔祥〕。

一四四六　大七寶陀羅尼經　一卷。失譯。附梁録〔開〕。

一四四七　尊勝大明王經　一卷。宋施護譯。端拱二年（九八九）出〔祥〕。

一四四八　無畏陀羅尼經　一卷。宋法賢譯。至道二年（九九六）出〔祥〕。

一四四九　施一切無畏陀羅尼經　一卷。宋施護法護惟淨同譯。大中祥符三年（一〇一〇）出〔祥〕。

一四五〇　六門陀羅尼經　一卷。唐玄奘譯〔泰〕。貞觀十九年（六四五）出〔開〕。

一四五一　六門陀羅尼經論　一卷。失譯。敦煌本。題世親造〔日〕。

一四五二　華積陀羅尼神咒經　一卷。失譯〔祐〕。後誤支謙譯〔開〕。

一四五三　師子奮迅菩薩所問經　一卷。失譯〔經〕。附東晉録〔開〕。勘同華積陀羅尼〔經〕。

一四五四　華聚陀羅尼經　一卷。失譯〔經〕。附東晉録〔開〕。勘同華積陀羅尼〔經〕。後題咒經〔開〕。

一四五五　華聚樓閣陀羅尼經　一卷。宋施護譯。端拱元年（九八八）出〔祥〕。
勘同華積陀羅尼〔至〕。

一四五六　六字大陀羅尼咒經　一卷。失譯〔經〕。附梁録〔開〕。

一四五七　聖六字大明王陀羅尼經　一卷。宋施護譯。端拱元年（九八八）出
〔祥〕。

一四五八　聖六字增壽大明陀羅尼經　一卷。宋施護譯。淳化二年（九九一）出
〔祥〕。

一四五九　大護明大陀羅尼經　一卷。宋法天譯。雍熙元年（九八四）出〔祥〕。

一四六〇　勝幢臂印陀羅尼　一卷。唐玄奘譯〔泰〕。永徽五年（六五四）出。
後題末加經字〔開〕。

一四六一　妙臂印幢陀羅尼經　一卷。唐實叉難陀譯。勘同勝幢臂印陀羅尼
〔開〕。

一四六二　十八臂陀羅尼經　一卷。宋法賢譯。至道二年（九九六）出〔祥〕。
一四六三　勝幡瓔珞陀羅尼經　一卷。宋施護譯。端拱元年（九八八）出〔祥〕。
一四六四　洛叉陀羅尼經　一卷。宋法賢譯。至道二年（九九六）出〔祥〕。
一四六五　救濟苦難陀羅尼　一卷。唐玄奘譯〔泰〕。永徽五年（六五四）出〔開〕。
一四六六　拔除罪障咒王經　一卷。唐義淨譯。景龍四年（七一〇）出〔開〕。
一四六七　滅除五逆罪大陀羅尼經　一卷。宋法賢譯。至道二年（九九六）出〔祥〕。
一四六八　消除一切災障寶髻陀羅尼經　一卷。宋法賢譯。至道二年（九九六）出〔祥〕。
一四六九　息除賊難陀羅尼經　一卷。宋法賢譯。至道三年（九九七）出〔祥〕。
一四七〇　辟除賊害咒　一卷。失譯〔祐〕。後題末有經字〔宋〕。
一四七一　大普賢陀羅尼經　一卷。失譯。附梁錄〔開〕。

一四七二　辟除諸惡陀羅尼經　一卷。　宋法賢譯。至道二年（九九六）出〔祥〕。

一四七三　護諸童子陀羅尼咒經　一卷。　元魏菩提留支譯〔房〕。後題缺咒字〔開〕。

一四七四　善夜經　一卷。　唐義淨譯。大足元年（七〇一）出〔開〕。

一四七五　檈特羅麻油述神咒　一卷。　失譯〔祐〕。後作竺曇無蘭譯。題作神咒經〔開〕。

一四七六　金身陀羅尼經　一卷。　宋施護譯。大中祥符元年（一〇〇八）出〔祥〕。

一四七七　栴檈香身陀羅尼經　一卷。　宋法賢譯。至道二年（九九六）出〔祥〕。

一四七八　聖大總持王經　一卷。　宋施護譯。端拱元年（九八八）出〔祥〕。

一四七九、持明藏八大總持王經　一卷。　宋施護譯。端拱二年（九八九）出〔祥〕。

一四八〇 除一切疾病陀羅尼經 一卷。 唐不空譯〔貞〕。

一四八一 俱枳羅陀羅尼經 一卷。 宋法賢譯。至道二年（九九六）出〔祥〕。

一四八二 幻師颰陀神咒 一卷。 失譯〔祐〕。後作竺曇無蘭譯。題玄師颰陀所說神咒經〔開〕。

一四八三 摩尼羅亶神咒 一卷。 失譯〔祐〕。後作竺曇無蘭譯。題神咒作經字〔開〕。

一四八四 能淨一切眼疾病陀羅尼經 一卷。 唐不空譯〔貞〕。

一四八五 善樂長者經 一卷。 宋法賢譯。咸平元年（九九八）出〔祥〕。勘同能淨眼病陀羅尼〔至〕。

一四八六 蓮華眼陀羅尼經 一卷。 宋施護譯。雍熙四年（九八七）出〔祥〕。

一四八七 寶生陀羅尼經 一卷。 宋施護譯。雍熙四年（九八七）出〔祥〕。

一四八八 療痔病經 一卷。 唐義淨譯。景龍四年（七一〇）出〔開〕。

一四八九　呪時氣　一卷。　失譯〔祐〕。後作竺曇無蘭譯〔開〕。下三種併同。
題末有病經二字〔開〕。
一四九〇　呪齿　一卷。　失譯〔祐〕。後題末有經字〔仁〕。下二種併同。
一四九一　呪眼痛　一卷。　失譯〔祐〕。
一四九二　呪小兒　一卷。　失譯〔祐〕。
一四九三　囉嚩拏說救療小兒疾病經　一卷。　宋法賢譯。至道元年（九九五）出
〔祥〕。
一四九四　灌頂經　九卷。　失譯〔祐〕。後作東晉帛尸梨密多羅譯〔房〕。現行
本一二卷。末三卷爲後人所集，不錄。
一四九五　種種雜呪　一卷。　北周闍那崛多譯〔房〕。後題末有經字〔開〕。
一四九六　大陀羅尼神呪經　四卷。　失譯。附東晉錄。題作七佛所說神呪經
〔開〕。
一四九七　陀羅尼集經　一二卷。　唐阿地瞿多譯〔周〕。永徽四年至五年（六五三

一四）出〔開〕。

附疑僞目　總七部　二六卷

一四九八　安宅咒　一卷。　失譯〔祐〕。勘係此方撰述。以下併同。

一四九九　大佛頂如來密因修證了義諸菩薩萬行首楞嚴經一〇卷。　傳唐般剌密帝譯〔續圖〕。先作懷迪从某梵僧（未得其名）筆受，新編入錄〔開〕。

一五〇〇　千臂千鉢曼殊室利經　一〇卷。　傳唐金剛智譯。新編入錄〔續貞〕。

一五〇一　仁王護國波羅密經　一卷。　失譯〔祐〕。或入疑〔經〕。

一五〇二　仁王護國波羅密經　二卷。　傳唐不空譯〔貞〕。勘是前經改訂本。

一五〇三　仁王護國般若波羅密多經陀羅尼念誦儀軌　一卷。　傳唐不空譯〔貞〕。

一五〇四　仁王般若陀羅尼釋　一卷。　傳唐不空譯〔貞〕。

撰述　總五八二部　四一七二卷

章疏部　二〇〇部　一七八七卷

一五〇五　無量壽經義疏　二卷。　隋慧遠撰。梁普通四——隋開皇一二（五二三—五九二）。

一五〇六　無量壽經義疏　一卷。　唐吉藏撰。梁太清三——唐武德六（五四九—六二三）。

一五〇七　勝鬘經義記　一卷（原二卷，現存卷上）。　隋慧遠撰。

一五〇八　勝鬘經寶窟　六卷。　唐吉藏撰。

一五〇九　勝鬘經述記　二卷。　唐窺基貞觀六—永淳元（六三二—六八二）說，義令記。

一五一〇　注維摩詰經　一〇卷。　姚秦僧肇等撰。符秦建元二〇——姚秦弘始一六

（三八四—四一四）。

一五一一　維摩經義記　八卷。　隋慧遠撰。

一五一二　維摩經玄疏　六卷。　隋智顗撰。梁中大通三——隋開皇一七（五三一—五九七）。

一五一三　維摩經略疏　一〇卷。　隋智顗說，唐湛然略。景雲二——建中三（七一一—七八二）。

一五一四　維摩經疏記　三卷。　唐湛然撰。

一五一五　維摩經略疏垂裕記　一〇卷。　宋智圓撰。大中祥符八（一〇一五）。

一五一六　淨名玄論　八卷。　唐吉藏撰。

一五一七　維摩經義疏　六卷。　唐吉藏撰。

一五一八　說無垢稱經疏　六卷。　唐窺基撰。咸豐三——五（六七二—六七四）。

一五一九　淨名經集解關中疏　二卷。　唐道液撰。上元元（七六〇）。

一五二〇　淨名經關中釋鈔　二卷。　唐道液撰。

一五二一　造象量度經解　一卷。　清工布查布撰。乾隆七（一七四二）。

一五二二　入楞伽經心玄義　一卷。　唐法藏撰。貞觀一七——先天元（六五三——七一二）。

一五二三　楞伽經註　二卷。（原卷不詳，現存二、五卷）唐智嚴撰。

一五二四　楞伽經集註　四卷。　宋正受集。慶元中（一一九五——一二〇〇）。

一五二五　楞伽阿跋多羅寶經註解　八卷。　明宗泐、如玘同撰。洪武一一（一三七八）。

一五二六　解深密經疏　九卷（原一〇卷，缺卷一〇）。　唐圓測撰。隋大業九——唐萬歲通天元（六一三——六九六）。

一五二七　大乘密嚴經疏　三卷（原四卷，缺卷一）。　唐法藏撰。

一五二八　大乘稻芋經隨聽疏　一卷。　唐法成撰。

一五二九　大般若經關法　六卷。　宋大隱編。

一五三〇　大品游意　一卷。　唐吉藏撰。

一五三一　大品經義疏　一〇卷。　唐吉藏撰。

一五三二　大般若經理趣分述贊　三卷。　唐窺基撰。

一五三三　金剛經疏　一卷。　隋智顗撰。

一五三四　金剛經義疏　四卷。　唐吉藏撰。

一五三五　金剛經註疏　三卷。　唐慧淨撰。陳太建一〇——唐貞觀一九（五七八—六四五）。

一五三六　金剛經略疏　二卷。　唐智儼撰。隋仁壽二——唐總章元（六〇二—六六八）。

一五三七　金剛經贊述　二卷。　唐窺基撰（？）。

一五三八　金剛般若經旨贊　二卷。　唐曇曠撰。

一五三九　金剛經纂要刊定記　七卷。　唐宗密述，宋子璿記。天聖二（一〇二四）。

一五四〇　金剛經集解　四卷。　宋楊圭編。

一五四一　金剛經註解　一卷。　明宗泐、如玘同撰。洪武一一（一三七八）。
一五四二　略明般若末後一頌贊述　一卷。　唐義淨撰。景雲二（七一一）。
一五四三　般若心經疏　一卷。　唐慧淨撰。
一五四四　般若心經疏　一卷。　唐靖邁撰。
一五四五　般若心經幽贊　二卷。　唐窺基撰。
一五四六　般若心經贊　一卷。　唐圓測撰。
一五四七　般若心經略疏　一卷。　唐法藏撰。
一五四八　般若心經略疏連珠記　二卷。　宋師會撰。建炎元——淳熙七（一一二七——一一八〇）。
一五四九　般若心經註　一卷。　唐慧忠撰。
一五五〇　般若心經註　一卷。　唐淨覺撰。開元十五（七二七）。
一五五一　般若心經疏　一卷。　宋智圓撰。天禧元（一〇一七）。
一五五二　般若心經註解　一卷。　明宗泐、如玘同撰。洪武一一（一三七八）。

一五五三　華嚴游意　一卷。　唐吉藏撰。

一五五四　華嚴經搜玄記　九卷（原一〇卷缺卷四）。　唐智儼撰。

一五五五　華嚴經探玄記　二〇卷。　唐法藏撰。

一五五六　華嚴經文義綱目　一卷。　唐法藏撰。

一五五七　華嚴經關脈義記　一卷。　唐法藏撰。

一五五八　續華嚴經略疏刊定記　一五卷。　唐慧苑撰。

一五五九　華嚴經大意　一卷。　唐李通玄撰。開元七——一八（七一九—七三〇）。

一五六〇　新華嚴經論　四〇卷。　唐李通玄撰。

一五六一　華嚴經合論簡要　四卷。　明李贄撰。

一五六二　華嚴經決疑論　四卷。　唐李通玄撰。

一五六三　華嚴經疏科文　一〇卷。　唐澄觀撰。開元二六——開成四（七三八—八三九）。

一五六四　華嚴經疏鈔玄談　九卷。　唐澄觀撰。

一五六五　華嚴經疏　六〇卷。　唐澄觀撰。貞元三、（七八七）。
一五六六　華嚴經疏演義鈔　八〇卷。　唐澄觀撰。
一五六七　華嚴經略策　一卷。　唐澄觀撰。
一五六八　華嚴經骨目　二卷。　唐湛然撰。
一五六九　華嚴經普賢行願品疏鈔　六卷。　唐澄觀疏、宗密鈔。
一五七〇　華嚴經要解　一卷。　宋戒環撰。
一五七一　華嚴經呑海集　三卷。　宋道通撰。
一五七二　彌勒經游意　一卷。　唐吉藏撰。
一五七三　觀彌勒菩薩上生兜率天經疏　二卷。　唐窺基撰。
一五七四　觀無量壽經疏　一卷。　隋智顗撰（？）。
一五七五　觀無量壽經義疏　二卷。　隋慧遠撰。
一五七六　觀無量壽經義疏　一卷。　唐吉藏撰。
一五七七　觀無量壽佛經疏　四卷。　唐善導撰。？——龍朔二（？—六六二）。

一五七八　釋觀無量壽佛經記　一卷。　唐法聰撰。
一五七九　觀無量壽佛經疏妙宗鈔　六卷。　宋知禮撰。天禧五（一〇二一）。
一五八〇　觀無量壽佛經義疏　三卷。　宋元照撰。慶歷八——政和六（一〇四八—一一一六）。
一五八一　阿彌陀經義記　一卷。　隋智顗撰（？）。
一五八二　阿彌陀經義述　一卷。　唐慧淨撰。
一五八三　阿彌陀經通贊疏　三卷。　唐窺基撰。
一五八四　阿彌陀經義疏　一卷。　宋智圓撰。
一五八五　阿彌陀經義疏　一卷。　宋元照撰。
一五八六　阿彌陀經疏鈔　四卷。　明袾宏撰。萬歷一四—四三（一五三五—一六一五）。
一五八七　阿彌陀經要解　一卷。　明智旭撰。永歷元（一六四七）。
一五八八　普賢觀經義疏　二卷。　宋本如述。太平興國六——皇祐二（九八一—一〇五〇）。處咸續解。大中祥符九——元祐元（一〇一六—一〇八六）。

一五八九　大般涅槃經集解　七二卷。　梁寶亮等撰。天監八（五〇〇）。

一五九〇　涅槃經義記　二〇卷。　隋慧遠撰。

一五九一　涅槃經玄義　二卷。　隋灌頂撰。大業一〇（六一四）。

一五九二　涅槃經游意　一卷。　唐吉藏撰。

一五九三　大涅槃經會疏　三六卷。　隋灌頂疏，唐湛然再治。

一五九四　涅槃經疏私記　一二卷。　唐行滿撰。貞元中（七八五—八〇四）。

一五九五　涅槃經疏私記　九卷。　唐道暹撰。

一五九六　涅槃玄義發源機要　四卷。　宋智圓撰。

一五九七　涅槃經疏三德指歸　二〇卷。　宋智圓撰。

一五九八　金光明經玄義　三卷。　隋智顗說，灌頂記。

一五九九　金光明經玄義拾遺記　六卷。　宋知禮撰。天聖元（一〇二三）。

一六〇〇　金光明經文句　六卷。　隋智顗說，灌頂記。

一六〇一　金光明經文句記　一二卷。　宋知禮撰。　天聖五（一〇二七）。

一六〇二　金光明經疏　一卷。　唐吉藏撰。

一六〇三　金光明最勝王經疏　一〇卷。　唐慧沼撰。

一六〇四　法華經義記　八卷。　梁法雲撰。　宋泰始三——梁大通三（四六七—五二九）。

一六〇五　法華經玄義　二〇卷。　隋智顗說，灌頂記。

一六〇六　法華玄義釋籤　二〇卷。　唐湛然撰。　廣德二（七六四）。

一六〇七　法華經文句　二〇卷。　隋智顗說，灌頂記。

一六〇八　法華文句記　三〇卷。　唐湛然撰。

一六〇九　法華經玄論　一〇卷。　唐吉藏撰。

一六一〇　法華經游意　二卷。　唐吉藏撰。

一六一一　法華經義疏　一二卷。　唐吉藏撰。

一六一二　法華經玄贊　二〇卷。　唐窺基撰。

一六一三　法華玄贊義決　一卷。　唐慧沼撰。永徽元——開元二（六五〇—七一四）。
一六一四　法華玄贊攝釋　四卷。　唐智周撰。儀鳳三——開元二一（六七八—七三三）。
一六一五　法華玄贊決擇記　二卷（原八卷，現存初二卷）。　唐崇俊撰。
一六一六　法華玄贊要集　三一卷（原三五卷、缺卷二二、二三、三〇、三二）。唐栖復撰。
一六一七　法華經大意　一卷。　唐湛然撰。
一六一八　法華五百問論　三卷。　唐湛然撰。
一六一九　妙法蓮華經要解　七卷。　宋戒環撰。
一六二〇　法華經綸貫　一卷。　明智旭撰。
一六二一　觀音玄義　二卷。　隋智顗說，灌頂記。
一六二二　觀音玄義記　四卷。　宋知禮撰。

一六二三　觀音義疏　二卷。　隋智顗說，灌頂記。

一六二四　觀音義疏記　四卷。　宋知禮撰。

一六二五　請觀音經疏闡義鈔　四卷。　宋智圓撰。大中祥符二（一〇〇九）。

一六二六　人本欲生經註　一卷。　晉道安撰。建興二——太元一〇（三一四—三八五）。

一六二七　温室經義記　一卷。　隋慧遠撰。

一六二八　温室經疏　一卷。　唐慧沼撰。

一六二九　盂蘭盆經疏　二卷。　唐宗密撰。

一六三〇　四十二章經註　一卷。　宋守遂註，明了童補。

一六三一　圓覺經大疏　一二卷。　唐宗密撰。長慶三（八二三）。

一六三二　圓覺經大疏釋義鈔　一三卷。　唐宗密撰。

一六三三　圓覺經略疏　四卷。　唐宗密撰。

一六三四　圓覺經略疏鈔　一二卷。　唐宗密撰。

一六三五　圓覺經鈔辨疑誤　二卷。　宋觀復撰。紹興一六（一一四六）。

以上經疏

一六三六　四分律比丘含註戒本　三卷。　唐道宣撰　貞觀四（六三〇）。

一六三七　四分律含註戒本疏行宗記　二一卷。　宋元照撰。元祐三（一〇八八）。

一六三八　四分比丘戒本疏　二卷。　唐定賓撰。開元元——二九（七一三—七四一）。

一六三九　四分比丘尼鈔　六卷。　唐道宣撰。

一六四〇　四分律刪補隨機羯磨　二卷。　唐道宣撰。貞觀九（六三五）。

一六四一　四分律隨機羯磨疏　八卷。　唐道宣撰。貞觀二二（六四八）。

一六四二　四分律隨機羯磨疏正源記　八卷。　宋允堪撰。皇祐三（一〇五一）。

一六四三　四分律隨機羯磨疏濟緣記　二二卷。　宋元照撰。

一六四四　僧羯磨　三卷。　唐懷素撰。武德七——萬歲通天二（六二四—六九七）。

一六四五　尼羯磨　三卷。　唐懷素撰。上元三（六七六）。

一六四六　四分律疏　二〇卷。　唐法礪撰。武德九（六二六）。

一六四七　四分律疏飾宗義記　八卷（原一〇卷，缺卷一、七）。　唐定賓撰。

一六四八　四分律開宗記　二〇卷。　唐懷素撰。

一六四九　四分律删繁補缺行事鈔　一二卷。　唐道宣撰。武德九（六二六）。

一六五〇　四分律行事鈔資持記　一六卷。　宋元照撰。

一六五一　四分律拾毘尼義鈔　四卷（原六卷，缺下二卷）。　唐道宣撰。貞觀元（六二七）。

一六五二　毘尼關要　一六卷。　清德基撰。康熙二七（一六八八）。

一六五三　梵網菩薩戒經義疏　二卷。　隋智顗說，灌頂記。

一六五四　天台菩薩戒疏　三卷。　唐明曠删補。大曆一二（七七七）。

一六五五　梵網戒本疏　六卷。　唐法藏撰。

一六五六　菩薩戒本箋要　一卷。　明智旭撰。永曆五（一六五一）。

一六五七　菩薩戒羯磨義釋　一卷。　明智旭撰。

以上律疏

一六五八　無量壽經優婆提舍願生偈註　二卷。　後魏曇鸞撰。承明元——興和四（四七六—五四二）。

一六五九　四法經論廣釋開決記　一卷。　唐代，作者不詳。

一六六〇　佛地經論疏　六卷。　唐靖邁撰。

一六六一　十地論義記　二卷（原一〇卷，現存卷一、三）。　北周法上撰。

一六六二　大智度論疏　七卷（原卷不詳，現存卷一、六、一四、一五、一七、二一、二四）。　北周慧影撰。

一六六三　金剛般若經論會譯　三卷。　唐窺基撰。

一六六四　法華經論疏　三卷。　隋吉藏撰。

一六六五　三論游意義　一卷。　隋□碩撰。

一六六六　三論玄義　二卷。　唐吉藏撰。

一六六七　中論疏　一〇卷（卷上末殘）。　唐吉藏譯。隋大業中（六〇五—六一六）。

一六六八　十二門論疏　三卷。　唐吉藏撰。隋大業四（六〇八）。

一六六九　十二門論宗致義記　二卷。　唐法藏撰。

一六七〇　百論疏　九卷。　唐吉藏撰。隋大業四（六〇八）。

一六七一　廣百論疏釋論　一卷（原一〇卷，現存卷一）。　唐文軌撰。

一六七二　大乘四論玄義　七卷（原一〇卷，缺卷一、三、四）。　唐慧均撰。

一六七三　掌珍論疏　一卷（原二卷，現存卷下）。　唐代，作者不詳。

一六七四　瑜伽論略纂　一六卷。　唐窺基撰。

一六七五　瑜伽論劫章頌　一卷。　唐窺基撰。

一六七六　瑜伽論記　四八卷。　新羅道倫撰。

一六七七　瑜伽師地論分明記　五卷。　唐法成説，智慧山記。

一六七八　瑜伽論手記　四卷。　唐法成説，谈迅、福慧記。

一六七九　地持論義記　三卷（原一〇卷，現存卷三下、四上、五下）。　隋慧遠撰。

一六八〇　大乘百法明門論解　一卷。　唐窺基撰（？）。

一六八一　大乘百法明門論疏　二卷。　唐普光撰。麟德元（六六四）。

一六八二　大乘百法明門論疏　一卷。　唐義忠撰。

一六八三　大乘百法明門論顯幽鈔　三卷（原二〇卷，現存卷一末，二末，七末）。　唐從芳撰。

一六八四　大乘百法明門論開宗義記　一卷。　唐曇曠撰。

一六八五　大乘百法明門論開宗義決　一卷。　唐曇曠撰。

一六八六　辨中邊論述記　三卷。　唐窺基撰。

一六八七　雜集論述記　一〇卷。　唐窺基撰。

一六八八　攝大乘論疏　二卷（原卷不詳，現存卷五、七）。　唐代，作者不詳。

一六八九　攝大乘義章　一卷（原一〇卷，現存卷四）。　唐道基撰。

一六九〇　唯識二十論述記　二卷。　唐窺基撰。

一六九一　唯識三十論要釋　一卷。　唐代，作者不詳。

一六九二　成唯識論述記　二〇卷。　唐窺基撰。

一六九三　成唯識論別抄　四卷（原一〇卷，現存卷一、五、九、一〇）。　唐窺基撰。

一六九四　成唯識論樞要　四卷。　唐窺基撰。

一六九五　成唯識論樞要記　一卷（原二卷，現存卷上）。　唐智周撰。

一六九六　成唯識論了義燈　一四卷。　唐慧沼撰。

一六九七　成唯識論了義燈記　一卷（原二卷，現存卷下）。　唐智周撰。

一六九八　成唯識論演秘　一四卷。　唐智周撰。

一六九九　成唯識論義演　二六卷。　唐如理撰。

一七〇〇　成唯識論學記　八卷。　新羅太賢撰。

一七〇一　成唯識論義演　二二卷（原四〇卷，缺卷二、三、五、九、一〇、一三、

一四、一六、一八、二一、—二五、二七、三六、三七、三九）。唐清素撰。

一七〇二　大乘法界無差別論　一卷。唐法藏撰。

一七〇三　大乘法界無差別論疏領要鈔（附科）　三卷。宋普觀撰。

一七〇四　因明正理門論述記　一卷（原二卷，現存卷上）。唐神泰撰。

一七〇五　因明入正理論疏　三卷。唐文軌撰。

一七〇六　因明入正理論疏　六卷。唐窺基撰。

一七〇七　因明入正理論續疏　一卷。唐慧沼撰。

一七〇八　因明入正理論義斷　一卷。唐慧沼撰。

一七〇九　因明入正理論義纂要　一卷。唐慧沼撰。

一七一〇　因明入正理論前記　三卷。唐智周撰。

一七一一　因明入正理論後記　三卷（卷下殘）。唐智周撰。

一七一二　相宗八要直解　八卷。明智旭撰。

一七一三　俱舍論頌釋疏　三〇卷。　唐圓暉撰。
一七一四　俱舍論頌疏記　二九卷。　唐遁麟撰。
一七一五　俱舍論頌疏義鈔　六卷。　唐慧暉撰。
一七一六　俱舍論記　三〇卷。　唐普光撰。
一七一七　俱舍論疏　三〇卷。　唐法寶撰。
一七一八　俱舍論法宗原　一卷。　唐普光撰。
一七一九　順正理論述文記　二卷（原二四卷，現存九、一八）。　唐元瑜撰。
一七二〇　陰持入經註　二卷。　吳陳慧撰。
一七二一　異部宗輪論述記　一卷。　唐窺基撰。
一七二二　遺教經疏節要　一卷。　宋淨源撰。大中祥符四——元祐三（一〇一一—一〇八八）。
一七二三　遺教經論補註　一卷。　宋守遂註，明了童補。萬歷一四（一五八六）。
一七二四　大乘起信義疏　二卷。　隋慧遠撰（？）。

一七二五　起信論疏　二卷。　新羅元曉撰。
一七二六　起信論義記　三卷。　唐法藏撰。
一七二七　起信論註疏　四卷。　唐宗密撰。
一七二八　起信論疏筆削記　二〇卷。　宋子璿撰。天聖八（一〇三〇）。
一七二九　起信論裂網疏　六卷。　明智旭撰。永歷七（一六五三）。
一七三〇　釋摩訶衍論贊玄疏　五卷。　遼法悟撰。

以上論疏

一七三一　藥師本願經疏　一卷。　唐慧觀撰。永淳元（六八二）（？）。
一七三二　金剛頂經大瑜伽秘密心地法門義決　一卷。　唐不空撰。神龍元—大歷九（七〇五—七七四）。
一七三三　大日經義釋　一四卷。　唐一行記，智儼、温古等再治。開元一三—一五（七二五—七二七）。
一七三四　大日經義釋演秘鈔　一〇卷。　遼覺苑撰。　大康三（一〇七七）。

一七三五　大毘盧遮那經供養次第法疏　二卷。　唐不可思議撰。大中元（八四七）。

一七三六　十一面神咒心經義疏　一卷。　唐慧沼撰。

一七三七　佛頂尊勝陀羅尼經疏　二卷。　唐法崇撰。廣德中（七六三—七六四）。

一七三八　仁王經疏　六卷。　唐吉藏撰。

一七三九　仁王經疏　六卷。　唐圓測撰。

一七四〇　仁王經（新譯）疏　七卷。　唐良賁撰。永泰二（七六六）。

一七四一　仁王經疏神寶記　四卷。　宋善月撰。紹定三（一二三〇）。

一七四二　楞嚴經義疏註經（附科）　一一卷。　宋子璿撰。天聖八（一〇三〇）。

一七四三　楞嚴經義疏釋要鈔　六卷。　宋懷遠撰。嘉祐六（一〇六一）。

一七四四　楞嚴經集註　一〇卷。　宋思坦撰。

以上密教經軌疏（疑僞經疏附）

一七四五　大乘大義章　三卷。　姚秦鳩摩羅什答慧遠問。

一七四六　二諦義　三卷。　唐吉藏撰。
一七四七　大乘義章　二五卷。　隋慧遠撰。
一七四八　大乘法苑義林章　一四卷。　唐窺基撰。
一七四九　大乘法苑義林章補缺　三卷（原卷不詳，現存卷四、七、八）。　唐慧沼撰。
一七五〇　大乘法苑義林章決擇記　四卷。　唐智周撰。
一七五一　表無表章栖翫記　一卷。　宋守千撰。
一七五二　大乘入道次第章　一卷。　唐智周撰。
一七五三　大乘入道次第開決　一卷。　唐曇曠撰。
一七五四　華嚴經內章門等雜孔目章　四卷。　唐智儼撰。
一七五五　華嚴經明法品內立三寶章　二卷。　唐法藏撰。
一七五六　華嚴發菩提心章　一卷。　唐法藏撰。
一七五七　註華嚴金師子章　一卷。　唐法藏撰。長安元（七〇一）。

一七五八 金師子章雲間類解 一卷。 宋淨源撰。元豐三（一〇八〇）。

一七五九 註華嚴經師子章 一卷。 宋承遷撰。

一七六〇 華嚴一乘教義分齊章 四卷。 唐法藏撰。

一七六一 華嚴一乘教義章義苑疏 一〇卷。 宋道亭撰。元祐五（一〇九〇）。

一七六二 華嚴一乘教義章復古記 六卷。 宋師會述，善熹註。乾道中（一一六五—一一七三）。

一七六三 華嚴一乘教義章焚薪 二卷。 宋師會撰。紹熙三（一一九二）。

一七六四 扶焚薪 一卷。 宋希迪撰。隆興中（一一六三—一一六四）。

以上義章

論著部 一三四部 四六一卷

一七六五 肇論 一卷。 姚秦僧肇撰。

一七六六 肇論疏 三卷。 唐元康撰。

一七六七　註肇論疏　六卷。　宋遵式撰。乾德二——天聖十（九六四—一〇三二）。
一七六八　肇論新疏　三卷。　元文才撰。宋淳祐元——元大德六（一二四一—一三〇二）。
一七六九　肇論新疏游刃　三卷。　元文才撰。
一七七〇　寶藏論　一卷。　姚秦僧肇撰（？）。
一七七一　大乘玄論　五卷。　唐吉藏撰。
以上三論宗
一七七二　随自意三昧　一卷。　陳慧思撰。魏延昌四——陳太建九（五一五—五七七）。
一七七三　諸法無諍三昧法門　二卷。　陳慧思撰。
一七七四　法華經安樂行義　一卷。　陳慧思撰。
一七七五　大乘止觀法門　四卷。　陳慧思撰（？）。

一七七六　釋摩訶般若波羅密經覺意三昧　一卷。　隋智顗說，灌頂記。
一七七七　法界次第初門　三卷。　隋智顗撰。
一七七八　四教義　一二卷。　隋智顗撰。
一七七九　天台八教大意　一卷。　隋灌頂撰。
一七八〇　天台四教儀　一卷。　高麗諦觀撰。
一七八一　摩訶止觀　二〇卷。　隋智顗撰。開皇一四（五九四）。
一七八二　止觀輔行傳弘決　四〇卷。　唐湛然撰。
一七八三　釋禪波羅密次第法門　一二卷。　隋智顗說，法慎記。
一七八四　修習止觀坐禪法要　一卷。　隋智顗撰。
一七八五　六妙法門　一卷。　隋智顗撰。
一七八六　四念處　四卷。　隋智顗說，灌頂記。
一七八七　止觀義例　二卷。　唐湛然撰。
一七八八　止觀大意　一卷。　唐湛然撰。

一七八九　觀心論　一卷。　隋智顗撰。
一七九〇　觀心論疏　五卷。　隋灌頂撰。
一七九一　十不二門　一卷。　唐湛然撰。
一七九二　十不二門指要鈔　二卷。　宋知禮撰。景德元（一〇〇四）。
一七九三　金剛錍　一卷。　唐湛然撰。
一七九四　法智遺編觀心二百問　一卷。　宋知禮述，繼忠集。景德四（一〇〇七）。
一七九五　四明十義書　二卷。　宋知禮撰。景德三（一〇〇六）。
一七九六　三千有門頌　一卷。　宋陳瓘撰。
一七九七　台宗十類因革論　四卷。　宋善月撰。紹興一九——淳祐元（一一四九—一二四一）。
一七九八　天台傳佛心印記　一卷。　元懷則撰。至大中（一三〇八—一三一一）。

一七九九　天台傳佛心印記註　二卷。　明傳燈撰。天啓七（一六二七）。
一八〇〇　性善惡論　六卷。　明傳燈撰。天啓元（一六二一）。
一八〇一　教觀綱宗　一卷。　明智旭撰。

以上天台宗

一八〇二　勸發菩提心集　三卷。　唐慧沼撰。
一八〇三　能顯中邊慧日論　四卷。　唐慧沼撰。
一八〇四　一乘佛性究竟論　一卷（原六卷，現存卷三）。　唐法寶撰。

以上慈恩宗

一八〇五　華嚴五教止觀　一卷。　唐杜順撰（？）。陳永定元——唐貞觀一四（五五七—六四〇）。
一八〇六　華嚴一乘十玄門　一卷。　唐智儼撰。
一八〇七　華嚴五十要問答　一卷。　唐智儼撰。
一八〇八　華嚴策林　一卷。　唐法藏撰。

一八〇九　華嚴經問答　一卷。　唐法藏撰。
一八一〇　華嚴經義海百門　一卷。　唐法藏撰。
一八一一　華嚴游心法界記　一卷。　唐法藏撰。
一八一二　華嚴經普賢觀行法門　一卷。　唐法藏撰。
一八一三　華嚴妄盡還源觀　一卷。　唐法藏撰。
一八一四　華嚴還源觀疏鈔補解（補法燈疏）　一卷。　宋淨源撰。元豐二（一〇七九）。
一八一五　三聖圓融觀門　一卷。　唐澄觀撰。
一八一六　五蘊觀　一卷。　唐澄觀撰。
一八一七　華嚴心要法門　一卷。　唐澄觀撰。
一八一八　華嚴心要法門註　一卷。　唐宗密撰。
一八一九　原人論　一卷。　唐宗密撰。
一八二〇　原人論發微錄　三卷。　宋淨源撰。大中祥符七（一〇一四）。

一八二一　華嚴原人論解　三卷。　元圓覺撰。

一八二二　華嚴原人論合解　二卷。　明楊嘉祚刪合。

一八二三　注華嚴法界觀　一卷。　唐杜順述（？），宗密註。

一八二四　華嚴法界玄鏡　二卷。　唐澄觀撰。

一八二五　釋華嚴十明論　一卷。　唐李通玄撰。

一八二六　評金剛錍　一卷。　宋善熹撰。紹熙五（一一九四）。

一八二七　賢首五教儀　六卷。　清續法撰。康熙五（一六六六）。

一八二八　一乘決疑論　一卷。　清彭際清撰　乾隆四六——五六（一七八一——一七九一）。

一八二九　文殊指南圖贊　一卷。　宋惟白撰。

以上賢首宗

一八三〇　受菩薩戒儀　一卷。　陳慧思撰。

一八三一　關中創立戒壇圖經　一卷。　唐道宣撰。乾封二（六六七）。

一八三二　中天竺舍衛國祇洹寺圖經　一卷。　唐道宣撰。乾封二（六六七）。
一八三三　量處輕重儀　二卷。　唐道宣撰。貞觀一一（六三七）輯，乾封二（六六七）重定。
一八三四　釋門歸敬儀　二卷。　唐道宣撰。龍朔元（六六一）。
一八三五　釋門章服儀　一卷。　唐道宣撰。顯慶四（六五九）。
一八三六　淨心誡觀法　二卷。　唐道宣撰。
一八三七　教誡新學比丘行護律儀　一卷。　唐道宣撰。
一八三八　律相感通傳　一卷。　唐道宣撰。乾封二（六六七）。
一八三九　護命放生儀軌法　一卷。　唐義淨撰。
一八四〇　受用三水要行法　一卷。　唐義淨撰。
一八四一　說罪要行法　一卷。　唐義淨撰。
一八四二　授菩薩戒儀　一卷。　唐湛然撰。
一八四三　佛制比丘六物圖　二卷。　宋元照撰。元豐三（一〇八〇）。

一八四四　衣鉢名義章　一卷。　宋允堪撰。　景德二——嘉祐六（一〇〇五—一〇六一）。

一八四五　根本説一切有部出家授近圓羯磨儀範　一卷。　元拔合思巴撰。　至元七（一二七〇）。

一八四六　根本説一切有部苾蒭習學略法　一卷。　元拔合思巴撰。　至元七（一二七〇）。

以上律宗

一八四七　信心銘　一卷。　隋僧燦撰（？）。

一八四八　導凡趣聖悟解脱宗修心要論　一卷。　唐弘忍撰（？）。　隋仁壽二——占元（六〇二—六七五）。

一八四九　禪宗永嘉集　一卷。　唐玄覺撰。　麟德二——先天二（六六五—七一三）。

一八五〇　永嘉證道歌　一卷。　唐玄覺撰。

一八五一　觀心論　一卷。　唐神秀撰（?）。
一八五二　北宗五方便門　一卷。　唐代，作者不詳。
一八五三　大乘無生方便門　一卷。　唐代，作者不詳。
一八五四　菩提達磨南宗定是非論　一卷。　唐神會說，獨孤沛記。開元二一（七三三）。
一八五五　南阳和上頓教解脫禪門直了性壇語　一卷。　唐神會說，記者不詳。
一八五六　大乘開心顯性頓悟真宗論　一卷。　唐慧光集釋。
一八五七　頓悟入道要門論　二卷。　唐慧海撰。
一八五八　禪源諸詮集都序　四卷。　唐宗密撰。
一八五九　禪門師資承襲圖　一卷。　唐宗密撰。
一八六〇　宗門十規論　一卷。　後周文益撰。唐光啓元——後周顯德五（八八五—九五八）。
一八六一　宗鏡錄　一〇〇卷。　宋延壽撰。建隆二（九六一）。

一八六二　萬善同歸集　三卷。　宋延壽撰。

一八六三　唯心訣　一卷。　宋延壽撰。

一八六四　臨濟宗旨　一卷。　宋慧洪撰。熙寧四——建炎二（一〇七一——一一二八）。

一八六五　智證傳　一卷。　宋慧洪述，覺慈編。

一八六六　正法眼藏　六卷。　宋宗杲撰。紹興一七（一一四七）。

一八六七　曹洞五位顯訣　三卷。　宋慧霞編，廣輝釋。

一八六八　寶鏡三昧玄義　一卷。　宋雲軸撰。淳祐二——泰定元（一二四二——一三二四）。

一八六九　溈山警策註　一卷。　宋守遂撰。

一八七〇　人天眼目　六卷。　宋智昭撰。淳熙一五（一一八八）。

一八七一　五宗原　一卷。　明法藏撰。崇禎元（一六二八）。

一八七二　辟妄救略說　一〇卷。　明圓悟撰。崇禎一一（一六三七）。

一八七三　百丈清規　八卷。　元德輝重編。元統三（一三三五）。
一八七四　祖庭事苑　八卷。　宋善卿編。元符中（一〇九八—一一〇〇）。
一八七五　禪林寶訓　二卷。　宋淨善重集。淳熙中（一一七四—一一八九）。
一八七六　禪關策進　一卷。　明袾宏集。
一八七七　緇門崇行錄　一卷。　明袾宏集。萬歷一三（一八五八）。

以上禪宗

一八七八　略說安樂淨土義　一卷。　後魏曇鸞撰。
一八七九　淨土十疑論　一卷。　隋智顗撰（？）。
一八八〇　五方便念佛門　一卷。　隋智顗撰（？）。
一八八一　安樂集　二卷。　唐道綽撰。陳天嘉三—唐貞觀一九（五六二—六四五）。
一八八二　觀念阿彌陀佛相海三昧功德法門　一卷。　唐善導撰。隋大業九—唐永隆二（六一三—六八一）。

一八八三　釋淨土群疑論　七卷。　唐懷感撰。
一八八四　淨土論　一卷。　唐迦才撰。貞觀中（六二七—六四九）。
一八八五　念佛鏡　二卷。　唐道鏡、善道共述。
一八八六　念佛三昧寶王論　三卷。　唐飛錫撰。天寶元（七四二）。
一八八七　往生淨土決疑行願二門　一卷。　宋遵式撰。
一八八八　龍舒增廣淨土文　一二卷。　宋王日休撰。紹興三〇（一一六〇）。
一八八九　樂邦文類　五卷。　宋宗曉編。慶元六（一二〇〇）。
一八九〇　樂邦遺稿　二卷。　宋宗曉編。嘉泰四（一二〇四）。
一八九一　蓮宗寶鑒　一〇卷。　元普度撰。大德九（一三〇五）。
一八九二　淨土境觀要門　一卷。　元懷則撰。至大三（一三一一）。
一八九三　淨土生無生論　一卷。　明傳燈撰。
一八九四　西方合論　一〇卷。　明袁宏道撰。萬歷二七（一五九九）。

以上淨土教

一八九五　三階佛法　四卷。　隋信行撰。梁大同六——隋開皇十四（五四〇—五九四）。

一八九六　對報起行法　一卷。　隋信行撰。

一八九七　七階佛名　一卷。　隋信行撰。

一八九八　無盡藏法略說　一卷。　唐代，作者不詳。

以上三階教

語錄部（拈頌評唱附）　二三部　三〇三卷

一八九九　壇經　一卷。　唐慧能說，法海集。

一九〇〇　壇經　一卷。　元宗寶編。至元二七（一二九〇）。

一九〇一　古尊宿語錄　四八卷。　宋頤藏主集，明淨戒重校。

一九〇二　續古尊宿語錄　六卷。　宋師明集。

一九〇三　五家語錄　五卷。　明園信、郭凝之編。

一九〇四　四家語録　六卷。　明代（？），集者不詳。
一九〇五　善慧大士語録　四卷。　唐樓穎編。
一九〇六　龐居士語録　三卷。　唐于頔編。
一九〇七　黄龍慧南禪師語録　一卷。　宋慧泉集。建炎中（一一二七—一一三〇）。
一九〇八　楊歧方會和尚語録　一卷。　宋仁勇編。元祐三（一〇八八）。
一九〇九　圜悟佛果禪師語録　二〇卷。　宋紹隆等編。
一九一〇　大慧普覺禪師語録　一二卷。　宋蘊聞編。紹興四（一一三四）。
一九一一　宏智禪師廣録　九卷。　宋宗法等編。乾道二（一一六六）。
一九一二　天目中峰和尚廣録　三〇卷。　元慈寂編。
一九一三　紫柏尊者全集、別集　二九卷。　明達觀撰。嘉靖二二—萬歷三一（一五四三—一六〇三）。
一九一四　憨山大師夢游全集　五五卷。　明福善、通炯共編。

一九一五　禪宗頌古聯珠通集　四〇卷。　宋法應集、元普會續集。
一九一六　碧岩録　一〇卷。　宋重顯頌古，克勤評唱。宣和七（一一二五）。
一九一七　佛果擊節録　二卷。　宋重顯拈古，克勤擊節。
一九一八　從容庵録　六卷。　宋正覺頌古，元行秀評唱。
一九一九　請益録　二卷。　宋正覺拈古，元行秀評唱。
一九二〇　空谷集　六卷。　宋子青頌古，元從倫評唱。
一九二一　虚堂集　六卷。　宋子淳頌古，元從倫評唱。

纂集部　二三部　三〇四卷

一九二二　弘明集　一四卷。　梁僧祐撰。劉宋元嘉二二——梁天監一七（四四五—五一三）。
一九二三　廣弘明集　三〇卷。　唐道宣撰。麟德元（六六四）。
一九二四　集古今佛道論衡　四卷。　唐道宣撰。龍朔元——麟德元（六六一—六六四）。

一九二五　續集古今佛道論衡　一卷。　唐智昇撰。開元一八（七三〇）。

一九二六　釋迦譜　五卷。　梁僧祐撰。

一九二七　釋迦氏譜　一卷。　唐道宣撰。麟德二（六六五）。

一九二八　經律異相　五〇卷。　梁寶唱等撰。天監一五（五一六）。

一九二九　諸經要集　二〇卷。　唐道世撰。顯慶四（六五九）。

一九三〇　法苑珠林　一〇〇卷。　唐道世撰。總章元（六六八）。

一九三一　釋氏六帖　二四卷。　宋義楚撰。後晉開運二——後周顯德元（九四五—九五五）。

一九三二　集神州三寶感通録　三卷。　唐道宣撰。麟德元（六六四）。

一九三三　集沙門不應拜俗儀　六卷。　唐彥悰撰。龍朔二（六六二）。

一九三四　□□寺沙門玄奘上表記　一卷。　唐玄奘撰。

一九三五　大辨正廣智三藏和上表制集　六卷。　唐圓照撰。貞元一六（八〇〇）。

一九三六　四明尊者教行録　七卷。　宋宗曉編。嘉泰二（一二〇二）。
一九三七　南海寄歸内法傳　四卷。　唐義淨撰。天授二（六九一）。
一九三八　大宋僧史略　三卷。　宋贊寧撰。咸平二（九九九）。
一九三九　釋氏要覽　三卷。　宋道誠撰。天禧三（一〇一九）。
一九四〇　國清百録　四卷。　隋灌頂撰。
一九四一　台宗精英集　五卷。　宋普容撰。
一九四二　陀羅尼雜集　十卷。　梁代，作者不詳。
一九四三　顯密圓通成佛心要集　二卷。　遼道殿撰。應歷八（九五八）。
一九四四　密咒圓音往生集　一卷。　夏智廣、慧真撰。天慶七（一二〇〇）。

史傳部（地誌等附）　六八部　六七六卷

一九四五　歷代三寶記　二〇卷。　隋費長房撰。開皇一七（五九七）。
一九四六　釋門正統　八卷。　宋宗鑒撰。嘉熙元（一二三七）。

一九四七　佛祖統記（附續記）　五五卷。　宋志磐撰。咸淳五（一二六九）。

一九四八　隆興編年通論　二九卷。　宋祖琇撰。隆興二（一一六四）。

一九四九　釋氏通鑒　一二卷。　宋本覺撰。

一九五〇　佛祖歷代通載　二二卷。　元念常撰。至正元（一三四一）。

一九五一　釋氏稽古略　四卷。　元覺岸撰。至正一四（一三五四）。

一九五二　釋氏稽古略續集　三卷。　明幻輪撰。崇禎一一（一六三八）。

一九五三　宗統編年　三二卷。　清紀蔭撰。康熙二八（一六八九）。

一九五四　高僧傳　一四卷。　梁慧皎撰。天監一八（五一九）。

一九五五　續高僧傳　三〇卷。　唐道宣撰。貞觀一九（六四五）。

一九五六　宋高僧傳　三〇卷。　宋贊寧等撰。端拱元（九八八）。

一九五七　補續高僧傳　二六卷。　明明河撰。

一九五八　大明高僧傳　八卷。　明如惺撰。萬歷四五（一六一七）。

一九五九　僧寶正續傳　七卷。　宋祖琇撰。

一九六〇　禪林僧寶傳　三〇卷。　宋慧洪撰。宣和初（一一一九）。

一九六一　南宋元明禪林僧寶傳　一五卷。　清自融、性磊同撰。

一九六二　比丘尼傳　四卷。　梁寶唱撰。　天監一六（五一七）。

一九六三　居士傳　五六卷。　清彭際清撰。乾隆三五——四〇（一七七〇——一七七五）。

一九六四　大唐西域求法高僧傳　二卷。　唐義淨撰。天授二（六九一）。

一九六五　隋天台智者大師別傳　一卷。　隋灌頂撰。仁壽元（六〇一）。

一九六六　唐護法沙門法琳別傳　三卷。　唐彥悰撰。貞觀一四—二三（六四〇—六四九）。

一九六七　大唐故三藏玄奘法師行狀　一卷。　唐冥祥撰。麟德元（六六四）。

一九六八　大唐三藏大徧覺法師塔銘　一卷。　唐劉軻撰。開成二（八三七）。

一九六九　大唐大慈恩寺三藏法師傳　一〇卷。　唐慧立撰，彥悰箋。垂拱四（六八八）。

一九七〇　唐大薦福寺法藏和尚傳　一卷。　新羅崔致遠撰。唐天復四（九〇四）。

一九七一　善無畏三藏行狀併碑銘　一卷。　唐李華撰。乾元元（七五八）。

一九七二　不空三藏行狀　一卷。　唐趙遷撰。大歷中（七六六—七七九）。

一九七三　大唐青龍寺三朝供奉大德（惠果）行狀　一卷。　唐代，作者不詳。寶歷二（八二六）。

一九七四　華嚴經傳記　五卷。　唐法藏撰。

一九七五　大方廣佛華嚴經感應傳　一卷。　唐慧英撰，胡幽貞纂。

一九七六　弘贊法華傳　一〇卷。　唐慧祥撰。乾封二（六六七）。

一九七七　法華傳記　一〇卷。　唐僧祥撰。

一九七八　天台九祖傳　一卷。　宋士衡撰。嘉定元（一二〇八）。

一九七九　釋門自鏡録　二卷。　唐懷信撰。

一九八〇　三寶感應要略録　三卷。　宋非濁撰。

一九八一　楞伽師資記　一卷。　唐淨覺撰。

一九八二　歷代法寶記　一卷。　唐代，作者不詳。
一九八三　傳法寶記序　一卷。　唐杜朏撰。
一九八四　祖堂集　二〇卷。　南唐靜筠撰。保大一〇（九五二）。
一九八五　景德傳燈録　三〇卷。　宋道原撰。景德元（一〇〇四）。
一九八六　五燈會元　二〇卷。　宋普濟撰。
一九八七　五燈會元續略　八卷。　明淨拄撰。崇禎一七（一六四四）。
一九八八　續傳燈録　三六卷。　明居頂撰。洪武中（一三六八—一三九八）。
一九八九　增集續傳燈録　六卷。　明文琇撰。
一九九〇　傳法正宗記併定祖圖　九卷。　宋契嵩撰。嘉祐六（一〇六一）。
一九九一　傳法正宗論　二卷。　宋契嵩撰。嘉祐六（一〇六一）。
一九九二　寶林傳　七卷（原九卷，現缺卷七、九）。　唐智炬撰。
一九九三　錦江傳燈　二〇卷。　清通醉撰。
一九九四　黔南會燈録（附續補）　八卷。　清如純撰。

一九九五　往生西方淨土瑞應傳　一卷。　唐文諗、少康撰。

一九九六　淨土往生傳　三卷。　宋戒珠撰。熙寧中（一〇八六—一〇七七）。

一九九七　往生傳　三卷。　明袾宏撰。萬歷一二（一五八四）。

一九九八　兩部大法相承師資傳法記　二卷。　唐海雲撰。大和八（八三四）。

一九九九　宗教律諸宗演派　一卷。　清守一編。

二〇〇〇　西藏喇嘛溯源　一卷。　清守一編。

二〇〇一　歷游天竺記　一卷。　晉法顯撰。義熙一二（四一六）。

二〇〇二　大唐西域記　一二卷。　唐玄奘撰。貞觀二〇（六四六）。

二〇〇三　釋迦方誌　二卷。　唐道宣撰。

二〇〇四　悟空入竺記　一卷。　唐圓照撰。

二〇〇五　敦煌錄　一卷。　唐代，作者不詳。

二〇〇六　洛阳伽藍記　五卷。　後魏楊衒之撰。武定五（五四七）。

二〇〇七　寺塔記　一卷。　唐段成式撰。會昌三——大中七（八四三—八五三）。

二〇〇八　南朝寺考　六卷。　清劉世珩撰。

二〇〇九　古清涼傳　二卷。　唐慧祥撰。永隆元——弘道元（六八〇—六八三）。

二〇一〇　廣清涼傳　三卷。　宋延一撰。嘉祐五（一〇六〇）。

二〇一一　續清涼傳　二卷。　宋張商英撰。

二〇一二　補陀洛迦山傳　一卷。　元盛熙明撰。至正二一（一三六一）。

音義部（悉曇法數等附）　一九部　二九五卷

二〇一三　一切經音義　二五卷。　唐玄應撰。

二〇一四　一切經音義　一〇〇卷。　唐慧琳撰。元和二（八〇七）。

二〇一五　續一切經音義　一〇卷。　遼希麟撰。

二〇一六　新譯大方廣佛華嚴經音義　二卷。　唐慧苑撰。

二〇一七　法華經爲爲章　一卷。　唐窺基撰。

二〇一八　新集藏經音義隨函錄　三〇卷。　後晉可洪撰。

二〇一九　紹興重雕大藏音　三卷。　宋處觀撰。熙寧三——元祐八（一〇七〇—一〇九三）。
二〇二〇　龍龕手鏡　四卷。　遼行均撰。統和一五（九九七）。
二〇二一　翻梵語　一〇卷。　梁寶唱撰（？）。
二〇二二　梵唐千字文　一卷。　唐義淨撰。
二〇二三　唐梵文字　一卷。　唐全真撰。開成四（八三九）。
二〇二四　梵語雜名　一卷。　唐禮言集。
二〇二五　唐梵兩語雙對集　一卷。　唐僧怛多蘗多等集。
二〇二六　翻譯名義集　七卷。　宋法雲編。紹興一三（一一四三）。
二〇二七　悉曇字記　一卷。　唐智廣撰。元和元（八〇六）。
二〇二八　景祐天竺字源　七卷。　宋惟淨等編。
二〇二九　法門名義集　一卷。　唐李師政撰。武德元（六一八）。
二〇三〇　大明三藏法數　五〇卷。　明一如等編。永樂一七（一四一九）。

二〇三一　教乘法數　四〇卷。　明圜瀞編。

目録部（提要附）　二三部　二四七卷

二〇三二　出三藏記集　一五卷。　梁僧祐集。天監九——一七（五一〇—五一八）。

二〇三三　衆經目録　七卷。　隋法經等撰。開皇一四（五九四）。

二〇三四　衆經目録　五卷。　隋彦悰撰。仁壽二（六〇二）。

二〇三五　衆經目録　五卷。　唐靜泰撰。龍朔三——麟德二（六六三—六六五）。

二〇三六　大唐内典録　一〇卷。　唐道宣撰。麟德元（六六四）。

二〇三七　續大唐内典録　一卷。　唐智昇撰。開元一八（七三〇）。

二〇三八　古今譯經圖紀　四卷。　唐靖邁撰。貞觀中（六二七—六四九）。

二〇三九　大周刊定衆經目録　一五卷。　唐明佺等撰。天册萬歲元（六九五）。

二〇四〇　續古今譯經圖紀　一卷。　唐智昇撰。開元一八（七三〇）。

二〇四一　開元釋教録　二〇卷。　唐智昇撰。開元一八（七三〇）。

二〇四二　開元釋教録略出　四卷。　唐智昇撰。開元一八（七三〇）。

二〇四三　開元釋教廣品歷章　一三卷（原三〇卷，缺卷一、二、一一、一六、一八、三〇）。　唐玄逸撰。

二〇四四　大唐貞元續開元釋教録　三卷。　唐圓照撰。貞元一〇（七九四）。

二〇四五　貞元新定釋教目録　三〇卷。　唐圓照撰。貞元一六（八〇〇）。

二〇四六　續貞元釋教録　一卷。　南唐恒安撰。保大三（九四五）。

二〇四七　大中祥符法寶録　一六卷（原二二卷，缺卷一、二、九、一三、二一及總目）。　宋趙安仁等撰。大中祥符八（一〇一五）。

二〇四八　天聖釋教總録　二卷（册改。原三册，現存上、中殘册）。　宋惟淨等撰。天聖五（一〇二七）。

二〇四九　景祐新修法寶録　一四卷（原二一卷，缺卷三、五、七、一一、一五、一九、二〇）。　宋呂夷簡等撰。景祐三（一〇三六）。

二〇五〇　至元法寶勘同總録　一〇卷。　元慶吉祥等撰。至元二二（一二八五）。
二〇五一　大藏經綱目指要録　一三卷。　宋惟白撰。崇寧三（一一〇四）。
二〇五二　大藏聖教法寶標目　一〇卷。　宋王古撰。
二〇五三　閲藏知律　四八卷。　明智旭撰。永歷八（一六五四）。

雜撰部（護教懺儀附）　三三部　九九卷

二〇五四　北山録　一〇卷。　唐神清撰，慧寶註。元和元（八〇六）。
二〇五五　雲臥紀譚　二卷。　宋曉瑩撰。紹興二五（一一五五）。
二〇五六　叢林盛事　二卷。　宋道融撰。
二〇五七　羅湖野録　二卷。　宋曉瑩撰。
二〇五八　林間録　二卷。　宋慧洪撰。
二〇五九　林間録後集　一卷。　宋慧洪撰。
二〇六〇　人天寶鑒　一卷。　宋曇秀撰。紹定三（一二三〇）。

二〇六一　枯崖漫錄　三卷。　宋圓悟撰。景定中（一二六〇—一二六四）。

二〇六二　破邪論　二卷。　唐法琳撰。武德五（六二二）。

二〇六三　辨正論　八卷。　唐法琳撰。

二〇六四　十門辨惑論　三卷。　唐復禮撰。永隆二（六八一）。

二〇六五　甄正論　三卷。　唐玄嶷撰。

二〇六六　護法論　一卷。　宋張商英撰。大觀四（一一一〇）。

二〇六七　鐔津文集　一九卷。　宋契嵩撰。

二〇六八　辨僞錄　五卷。　元祥邁撰。至元二八（一二九一）。

二〇六九　三教平心論　二卷。　元劉謐撰。

二〇七〇　析疑論　五卷。　元子成撰，師子比丘述註。至正一一（一三五一）。

二〇七一　立誓願文　一卷。　陳慧思撰。永定二（五五八）。

二〇七二　方等三昧行法　一卷。　隋智顗說，灌頂記。

二〇七三　法華三昧懺儀　一卷。　隋智顗撰。

二〇七四　法華三昧行事運想補助儀　一卷。　唐湛然撰。
二〇七五　慈悲道場懺法　一〇卷。　梁代，作者不詳。武帝代（五〇二—五四九）。
二〇七六　慈悲水懺法　三卷。　唐知玄撰。
二〇七七　金光明懺法補助儀　一卷。　宋遵式撰。
二〇七八　金光明最勝懺儀　一卷。　宋知禮撰。
二〇七九　釋迦如來涅槃禮懺文　一卷。　宋淳岳撰。淳化三——治平元（九九二—一〇六四）。
二〇八〇　請觀世音菩薩消伏毒害陀羅尼三昧儀　一卷。　宋遵式撰。
二〇八一　贊阿彌陀佛偈　一卷。　後魏曇鸞撰。
二〇八二　轉經行道願往生淨土法事贊　一卷。　唐善導撰。
二〇八三　往生禮贊偈　一卷。　唐善導撰。
二〇八四　依觀經等明般舟三昧行道往生贊　一卷。　唐善導撰。

二〇八五　淨土五會念佛略法事儀贊　二卷。　唐法照撰。大歷中（七六六—七七九）。

二〇八六　往生争土懺願儀　一卷。　宋遵式撰。大中祥符八（一〇一五）。

大千書目☆悅讀心資訊

書系	書號	書名	編著者	流通費
戒學	G8501	佛說梵網經集義句解(白話)	靈源長老	600 元
定學	I9001	不淨觀(附彩圖)	淨明	650 元
	S8501P	釋禪波羅蜜次第法門(白話平裝) 上冊	智者著 黎玉璽譯	480 元
		釋禪波羅蜜次第法門(白話平裝) 下冊		380 元
慧學	I8601	成唯識論文釋併記(上下冊)	王文治撰	1000 元
	I8701	辨了不了義善說藏論	宗喀巴著 法尊譯	500 元
	I8703	大乘空義集要	范古農居士	350 元
	I8704	性相通說	憨山大師	350 元
	I8901	阿含經的中道與菩提道	林崇安	220 元
	TB9101	大智慧秘要	張子敬夫婦	450 元
	TA8701	大智度論(白話)共 50 冊	龍樹菩薩著 黎玉璽譯	(單)220 元
淨土	F8601	無量壽經通俗講話	道安著 易陶天編	450 元
	F8602	淨土十疑論(白話)	智者著 黎玉璽譯	350 元
	F8701P	五方便念佛門(白話) 平裝	道綽著 黎玉璽譯	220 元
	F8702	淨土生無生論講義	幽溪著 聖一講義	350 元
	F8703	淨土極信錄	蓮根比丘	350 元
	F8704	觀無量壽佛經(白話)	黃智海	350 元
	F8705	安樂集(白話)	道綽著黎玉璽譯	350 元
	F8901	科技時代淨土妙法	淨明	380 元
	F9101	漢譯無量壽經會譯對照	林祺安	360 元
南傳	S8601	攝阿毗達摩義論	阿耨樓陀	250 元
	IZ9001	內觀實踐	馬哈希法師等	250 元
	IZ9002	內觀法要	阿觀達磨多羅等	280 元
	IZ9003	內觀禪修	阿姜念等	250 元
	IZ9004	南北傳內觀基礎佛經	林崇安編集	280 元
密教	S8701	密宗道次第廣論	宗喀巴大師	500 元
	S9001	認識密教	圓烈	180 元
	S9002	顯密圓通成佛心要集	圓烈	180 元
	S9003	蓮華生大師史略	圓烈	220 元
	S9004	六字真言密義	圓烈	180 元
	S9005	唐譯密咒注疏	圓烈	280 元
	I8501P	菩提道次第廣論(上下冊 平裝)	宗喀巴著 法尊譯	580 元
	U9001	西藏生死救度密法	王武烈	220 元
字典	T8501	佛學常用詞彙	陳義孝編	650 元
	T8501P	佛學常用詞彙(平裝)	陳義孝編	480 元

大千書目☆悦讀心資訊

書系	書號	書名	編著者	流通費
藏傳佛教系列	TV9101	藏傳佛教大趨勢	黃維忠	280 元
	TV9102	藏傳佛教密宗奇觀	東主才讓	350 元
	TV9103	藏傳佛教智慧境界	班班多杰	350 元
	TV9104	藏傳佛教大師生涯	周煒	320 元
	TV9105	藏傳佛教活佛轉世	諾布旺丹	320 元
	TV9106	藏傳佛教僧侶生活	寧世群	280 元
	TV9107	藏傳佛教文化研究	扎洛	320 元
	TV9108	藏傳文化死亡的藝術	馮智	350 元
	TV9109	尋找香格里拉	大千編輯部	85 元
	TV9110	藏傳佛教各宗派傳承表	淨明	45 元
	TV9111	藏傳佛教思想體系表(顯教)	淨明	35 元
	TV9112	藏傳佛教思想體系表(密教)	淨明	35 元
	TV9113	藏傳佛教因明學整理表	淨明	30 元
儀制	U8701	佛事儀軌	瞿勝東	350 元
	U8702	佛教日用文件大全	大千編輯室	500 元
	U9002	佛教飲食療法	王武烈	180 元
覺世	I9003	佛法與玄學	楊俊誠	220 元
	M8701	大破煩惱魔	劉欣如	220 元
	M8702	受刑人真言	劉欣如	220 元
文史史傳	P8601P	法尊法師論文集(平裝)	法尊法師	395 元
	P8602	付法藏因緣傳	吉迦夜·曇曜譯 黎玉璽譯白話	500 元
	P8901	十大佛菩薩經傳(上冊)	張子敬夫婦	280 元
	P8902	十大佛菩薩經傳(下冊)	張子敬夫婦	280 元
	P8903	佛菩薩生日由來	鐘漢	280 元
	P9001	當代大陸名僧傳	于凌波	280 元
	P9005	虛空飄來一點塵	幻聚	280 元
	P9101	釋佛十大弟子經傳(上冊)	張子敬夫婦	250 元
	P9102	釋佛十大弟子經傳(下冊)	張子敬夫婦	250 元
弘法	B8901	法會活動規畫	賴金光	350 元
	I9002	佛寺庵楹聯瑣談	陸家驥	220 元
佛醫	DIS901	佛教醫學第一冊	釋慈誠	250 元
咒語	MP9001	新編大藏全咒	林光明	50000 元
	MP9101	真言事典	八田幸雄	1800 元
歷史	SP901	大爆炸之後	智陽	320 元
	HS9001	撐旗的時代	黃稱奇	250 元

大千書目☆悅讀心資訊

書系	書號	書名	編著者	流通費
覺海	M8901	心相知機（一）	淨明	280 元
	M8902	心相知機（二）	淨明	180 元
	M9001	壞蛋別逃	賴樹明	250 元
VCD	TS9001	佛教勝地 VCD	釆風	3000 元
語文	L9001	英美散文觀止	王孔昭	180 元
	L9101	中國經典散文英譯選	王孔昭	220 元
星座	ST9001	牡羊座宿命因果大破解	李奇	180 元
	ST9002	金牛座宿命因果大破解	李奇	180 元
	ST9003	雙子座宿命因果大破解	李奇	180 元
	ST9004	巨蟹座宿命因果大破解	李奇	180 元
	ST9005	獅子座宿命因果大破解	李奇	180 元
	ST9006	處女座宿命因果大破解	李奇	180 元
	ST9007	天秤座宿命因果大破解	李奇	180 元
	ST9008	天蠍座宿命因果大破解	李奇	180 元
	ST9009	射手座宿命因果大破解	李奇	180 元
	ST9010	摩羯座宿命因果大破解	李奇	180 元
	ST9011	水瓶座宿命因果大破解	李奇	180 元
	ST9012	雙魚座宿命因果大破解	李奇	180 元
親子兒童繪本	SP9101	我們的樹	伊芙邦婷	250 元
	SP9102	毛頭小鷹	羅勃・卡魯斯	250 元
	SP9103	我們的媽媽在那裡	黛安・古迪著 余治瑩譯	250 元
	SP9104	我有友情要出租	方素珍著 郝洛玟繪	250 元
	SP9105	地震王國	崔永嬿	250 元
	SP9106	洗澎澎做實驗	珍妮絲・洛伯	320 元
	SP9107	跳一跳做實驗	珍妮絲・洛伯	320 元
	SP9108	玩泥巴做實驗	珍妮絲・洛伯	320 元
	SP9109	吃東西做實驗	珍妮絲・洛伯	320 元
	SP9110	小罐頭	崔永嬿	250 元
	SP9111	英語遊戲字典	安娜・妮爾森	380 元
	SP9112	學英語遊戲書(一)	安娜・妮爾森	380 元
	SP9113	學英語遊戲書(二)	安娜・妮爾森	380 元
	SP9114	蘋果小喇嘛	甄晏	280 元
工藝	HT9001	走過童年	洪惠燕	1000 元
其他	A8901	郭林氣功	郭林	480 元
	P8904	郭林生平傳記	林曉	360 元
	T8901	詞類探微	封恆	360 元

釋禪波羅蜜次第法門白話（上下冊）

本著將禪修的次第及詳細的修學法，以非常明確的體證實路與完整組織架構，另修學行人能有正確的方向與目標。無論在修學的道路上遇到任何境界，都可以依此實證驗眞違。借此修行人更知道禪修次第，以及邪正的境界，方能體悟第一義諦，纔不致於盲修瞎練。熟讀此書可以避免胡禪亂定走火入魔。能身心安定，不會有盲人騎馬，夜半臨深池的恐怖。

流通費：860 元（歡迎請閱）

成唯識論文釋并記（上下冊）

世親菩薩依瑜伽師地論五分中略集其要成三十頌，成唯識論乃其注釋，清人吳樹虛更集德著作之精華，於原文下直接注釋之銷文方式，寫成成唯識論文釋并記精簡且深入淺出，不另增私義，誠爲留心相宗者一莫大津深之寶典。

流通費：1000 元（歡迎請閱）

◀ 呂澂佛學 LU9206

歷朝藏經略考

作　　者：呂澂
出 版 者：大千出版社
發 行 人：梁崇明
登 記 證：行政院新聞局局版台省業字第２４４號
地　　址：台北縣汐止市汐萬路二段６６巷６３弄２號
網　　址：http://www.darchen.com.tw
發 行 處：台北市中山北路二段１３７巷４３號４樓
電　　話：（０２）２５２３０５２６
傳　　眞：（０２）２５６３９６７４
劃撥帳號：１８８４０４３２　大千出版社
E.mail：L1200000@ms48.hinet.net
銀行匯款：銀行代號：010 帳號：00300100030549
華僑銀行 帳戶：大千出版社
總經銷：紅螞蟻圖書有限公司
地 址：114台北市內湖區舊宗路2段121巷19號
電 話：02-27953656 傳眞：02-27954100
e-mail：red0511@ms51.hinet.net
初　　版：中華民國９２年３月
流 通 費：２８６元（郵購未滿1200元請自付郵資80元，採掛號寄書）

ISBN 957-447-026-1

國家圖書館出版品預行編目資料

歷朝藏經略考 / 呂澂作. -- 初版. -- 臺北縣汐止市：大千， 民92

面； 公分. -- (呂澂佛學；LU9206)

ISBN 957-447-026-1(平裝)

1. 藏經 - 研究與考訂

221.08 92002214